Der sichere Weg zum
eigenen Haus

Bettina Hein

Der sichere Weg zum
eigenen Haus

Wie Sie Fehler beim Hausbau vermeiden
und frühzeitig Risiken erkennen!

BAU-RAT: **BLOTTNER**

Inhalt

Einleitung .... Seite 8

Der Wunsch „Hausbau" .... Seite 9
Wege, die schlimmsten Fehler zu vermeiden .... Seite 9
Hausbau braucht eine stabile Beziehung .... Seite 12
Die Wahl des Wohnortes .... Seite 14
Zukunftsplanung .... Seite 15
Vorstellungen müssen realistisch sein .... Seite 15
Entscheidung ohne Zeitdruck .... Seite 16

Zeitplanung .... Seite 18
Wie lange dauert das? .... Seite 18
Bauantrag .... Seite 19

Die richtige Finanzierung .... Seite 22
Erfahrenen Finanzierungsberater wählen .... Seite 23
Als Finanzierungsberater einen Freund oder Bekannten wählen .... Seite 24
Finanzierungsberater mit Kenntnissen des Marktes aussuchen .... Seite 25
Finanzierungsberater sollte unabhängig sein .... Seite 26
Beratungshonorar an Finanzierungsberater zahlen .... Seite 27
Fonds- und Lebensversicherung für die Finanzierung wählen .... Seite 28
Bausparvertrag für die Finanzierung wählen .... Seite 29
Bau- und Baunebenkosten ermitteln .... Seite 30
Ausreichend finanziert .... Seite 32
Konditionen nicht zu teuer einkaufen .... Seite 32
Den Bereitstellungszins beachten .... Seite 33
Zinsbindung nicht zu gering vereinbaren .... Seite 33
Finanzierung aus dem Internet .... Seite 34
Ein Finanzierungsangebot reicht nicht aus .... Seite 35

Was ist bei der Grundstückswahl zu beachten .... Seite 38
Grundstück nur mit Bodengutachten kaufen .... Seite 38
Grundstück mit der richtigen Ausrichtung kaufen .... Seite 40
Grundstückskauf über Immobilienmakler .... Seite 41

Inhalt

BPlan beim Kauf berücksichtigt .... Seite 42

Ist Erdwärme erlaubt? .... Seite 43

Grundstück muss erschlossen sein .... Seite 44

Kaufen und Testen .... Seite 45

Notarvertrag nur mit Passus „frei von Altlasten" unterschreiben .... Seite 46

Notarvertrag nur mit gesicherter Finanzierung unterschreiben .... Seite 47

Planung und Vorbereitung .... Seite 50

Hauskatalog im Internet anfordern .... Seite 50

Beratungsvertrag im Musterhaus unterschreiben .... Seite 51

Hausbauvertrag im Musterhauspark bei Erstkontakt .... Seite 52

Hausvermittler / Hausverkäufer sollte mehrere Firmen anbieten .... Seite 53

Grundstück und Neubau von einem Anbieter erwerben .... Seite 54

Planer sollten unabhängig sein .... Seite 55

Auswahl des Bauunternehmens – Wer baut wie? .... Seite 56

Welcher Typ Haus passt zum Bauherrn? .... Seite 57

Ausführung: Das Massivhaus ist im Erdgeschoss aus Stein .... Seite 57

Beim Hauskauf über die diversen Dachausführungen sprechen .... Seite 58

Der Keller wird gemauert .... Seite 59

Haus auf Bodenplatte .... Seite 60

Doppelhaushälfte mit durchgehender Bodenplatte .... Seite 61

Mehrspartenhauseinführungs-System .... Seite 61

Das Haus wird geliefert .... Seite 62

Kriterien und Mindestanforderungen .... Seite 66

Creditreform-Auskunft darf nicht fehlen .... Seite 67

Kommunikationsschnittstelle darf nicht fehlen .... Seite 68

Kein Zeitdruck durch Aktionsangebote .... Seite 69

Geschäftsleitung von Bauunternehmen muss bekannt sein .... Seite 69

Bauunternehmen und Referenzobjekte .... Seite 70

Grundstücksbesichtigung durch das Bauunternehmen .... Seite 71

Bauunternehmen sollte eigene Handwerker haben .... Seite 72

Das Bauunternehmen und sein Bauleiter .... Seite 73

Inhalt

Bauleiter-Qualifikation .... Seite 74
Vergabe durch Architekt .... Seite 74
TÜV bestellen .... Seite 75
Ausführungspläne / Werkpläne sind wichtig .... Seite 76
Erdarbeiten klären .... Seite 78
Baustelleneinrichtung .... Seite 79
Der größte Fehler: „Ich weiß das" .... Seite 80

Vertrag zum Hausbau .... Seite 81
Vertrag unbedingt prüfen .... Seite 82
Hausbauvertrag vor Grundstückseigentum .... Seite 83
Hausbauvertrag nur mit gesicherter Finanzierung unterschreiben ... Seite 84
Hausbauvertrag immer mit Vorbehalten schließen .... Seite 85
Bauleistungsbeschreibung genau beachten .... Seite 85
Was bedeutet „gleichwertig" und ist das in Ordnung? .... Seite 86
Der Zahlungsplan .... Seite 87
Fertigstellungsbürgschaft .... Seite 88
Statik bekommt auch der Bauherr .... Seite 89
Wärmeschutznachweis bekommt auch der Bauherr .... Seite 90
Bauzeiten und Bauablaufplan .... Seite 92
Später Leistungen aus dem Vertrag heraus nehmen .... Seite 93
Handwerkerliste .... Seite 94

Während des Baus .... Seite 98
„Per Du" mit Handwerkern, Bauleiter und Geschäftsführung .... Seite 98
Geschäfte mit Handwerkern auf der Baustelle machen .... Seite 99
Erreichbarkeit des Bauleiters .... Seite 100
Wenn der Bauleiter ausfällt .... Seite 101
Termine mit dem Bauleiter .... Seite 102
Protokoll der Baustellentermine mit dem Bauleiter .... Seite 103
Los geht's .... Seite 106
Fotos dürfen nicht fehlen .... Seite 106

Inhalt

Schriftlich fixiert .... Seite 107

Wenn es am Bau nicht weitergeht .... Seite 109

Freitag reicht nicht .... Seite 110

Rechtsanwalt nötig .... Seite 111

Einsparung durch spätes Bezahlen der Rechnungen .... Seite 112

Bauunternehmen entsorgt den Bauschutt .... Seite 113

Betreten der Baustelle durch Bauherren .... Seite 113

Leistung nicht erfolgt, aber schon gezahlt .... Seite 114

Handwerker verstehen die Landessprache nicht .... Seite 115

Das mache ich selbst .... Seite 116

Eigenleistungen .... Seite 116

Materialkosten sparen durch Eigenbeschaffung .... Seite 117

Eigenleistungen realistisch eingeschätzt .... Seite 118

Eigenleistungen machen Freunde .... Seite 119

Verletzungsgefahr bei Eigenleistung .... Seite 120

Versicherung nötig .... Seite 121

Endabnahme und Einzug .... Seite 124

Bauabnahme erst nach Fertigstellung .... Seite 124

Handwerkern nicht den Zutritt verweigern .... Seite 125

Einziehen erst nach Fertigstellung .... Seite 126

Tipps & Tricks .... Seite 128

Der falsche Entschluss .... Seite 129

„Oh Gott, ich baue nie ein Haus" .... Seite 129

Checkliste „Der sichere Weg zum eigenen Haus" .... Seite 132

Kommunikationsdaten unserer Ansprechpartner .... Seite 136

Kommunikationsdaten unserer Helfer .... Seite 150

Sachwortregister .... Seite 154

Einleitung

Warum ich dieses Buch schreibe: Meine jahrelange Erfahrung bei der Begleitung von Bauherren durch ihr Projekt „Hausbau" und den immer wiederkehrenden Problemen während und vor dem Hausbau haben mich dazu veranlasst, dieses Buch als Expertin und Ratgeberin für Sie zu schreiben. Mit Absicht schreibe ich diesen Ratgeber in einer verständlichen Sprache und mit dem größtmöglichen Verzicht auf Fachausdrücke. Denn ich möchte Ihnen nicht die Welt der Fachbegriffe des Bauens erklären. Eine verständliche und praxisorientierte Ausdrucksweise wird dafür sorgen, dass jeder Leser seinen Nutzen erhält. Es ist mein Ziel, mit diesem Buch Ihre Fragen zum Thema Hausbau verständlich zu beantworten, so dass Sie einen echten Nutzen aus meinen fachbezogenen Ausführungen erhalten. Neben den Erklärungen berichte ich von einigen Beispielen, die ich selbst mit Bauherren erlebt habe. An diesen Beispielen erkennen Sie, wie sich Fehler auswirken können. Es ist meine Begabung, mich in die Sicht und Gefühlswelt meines Gegenübers zu versetzen. Das ermöglicht es mir, die Dinge aus Ihrer Sicht zu empfinden. An diesem Punkt habe ich angesetzt. Sie durchleben in der Zeit des Bauens sehr viele Emotionen. Ich stehe auf Ihrer Seite und hole Sie in diesem Buch ab. Ich bin davon überzeugt, dass dieses Buch Ihnen ein wichtiger Ratgeber sein wird. Es wird in allen Situationen während dieser Zeit der Hausbauphase Ihr Begleiter sein.

Dieses Buch dient Ihnen als Ratgeber während der gesamten Vorbereitungs- und Bauphase. Schritt für Schritt werden Sie Antworten auf Fragen erhalten, die während der verschiedenen Phasen auftreten. Am Ende der jeweiligen Kapitel im Buch habe ich Ihnen Platz für Ihre Notizen gelassen. Legen Sie sich das Buch während der gesamten Bauphase in greifbare Nähe. So können Sie zu jeder Zeit nachschlagen und Antworten auf Ihre Fragen oder Tipps und Hinweise finden. Verschiedene Themen werden Sie nicht nur in einem Bereich behandelt finden, sondern in mehreren. Es kann durchaus sein, dass einzelne Fragen oder Punkte in mehreren Bauphasen von Bedeutung sind. Deshalb erhalten Sie zu den jeweiligen Projektphasen den entsprechenden Hinweis dazu. Ich weiß, mit diesem Buch mache ich mich nicht zum Freund der Bauunternehmen und Hausverkäufer, aber das ist auch nicht mein Ziel. Ich habe andere Ziele. Mein Ziel ist, dass Sie in Ihr Haus einziehen! Und das möglichst stressfrei.

Ihre Bettina Hein

Der Wunsch „Hausbau"

Wege, die schlimmsten Fehler zu vermeiden

Die Gründe, warum der Wunsch nach Wohneigentum nun endlich umgesetzt werden soll, sind absolut individuell. Ein häufiger Wunsch ist es, den Kindern die Möglichkeit bieten zu können, im eigenen Garten zu spielen. Das Wohnungsangebot an geeigneten Wohnungen ist in der Stadt sehr eng geschnitten, hochpreisig und dazu begrenzt. Auch hieraus entsteht oft der Wunsch nach Wohneigentum. Ein anderes Bedürfnis ist z.B. der Wunsch, sein Geld nicht mehr in Mieten, sondern wertbeständig zu investieren. Vielleicht leben Freunde und Bekannte im eigenen „Zuhause" und haben sich ihren Traum bereits realisiert. Die Begeisterung steckt an. Dies sind nur ein paar der häufigsten Gründe für die Entscheidung für den Neubau. Sehr gute Zinskonditionen, wie sie aktuell vorliegen, und die Überlegung, den monatlichen Mietpreis lieber in eine Finanzierung einzuzahlen und damit Eigentum zu erwirtschaften, könnte die Entscheidung bestärken.

Gründe für den Hausbau?

Gründe für den Hausbau?

Hausbau braucht eine stabile Beziehung

Jede Bauphase, ob ruhig oder turbulent, ist für die Beziehung eine Zeit von höchster nervlicher Belastung. Ist die Beziehung nicht gefestigt, wird sie sehr wahrscheinlich während dieser Zeit zerbrechen.

Ein besonders extremes Beispiel habe ich selbst während der Bauphase mit Bauherren erlebt. Niemand hätte das vorher geglaubt. Eines Tages wurde ich von einer jungen Mutter, die mit ihrem Kind spazieren ging, angesprochen. Schon einige Male hatte ich sie mit ihren Kindern spielen sehen. Sie erklärte mir, dass sie von anderen gehört habe, dass ich mit dem Thema Hausbau zu tun habe. Sie fragte mich, ob es möglich wäre, auch sie beim Hausbau zu unterstützen. Vor allem deshalb, weil sie noch gar nicht wusste, ob es für sie überhaupt infrage käme. Ihr Ehemann war 14 Jahre älter als sie, und sie befürchtete, dass es aufgrund seines Alters eventuell nicht möglich sei, das Projekt Hausbau zu realisieren. Sie selbst hatte – auch für die beiden Kinder – schon länger den Wunsch nach einem eigenen Haus. Trotz guten Einkommens ihres Ehemanns war sie sich nicht sicher, ob sie überhaupt eine Finanzierung bekommen würden. Wir vereinbarten zunächst einen gemeinsamen Gesprächstermin bei ihr Zuhause. Auch der Ehemann nahm am Termin teil. Beide blickten mit freudiger Erwartung dem etwaigen Hausbau entgegen. Finanzierung, Grundstück, alles noch nicht klar. Zur Klärung der finanziellen Möglichkeiten empfahl ich den Eheleuten, erst einmal die nötigen Gespräche zu führen, damit eine sichere Grundlage für das weitere Planen gegeben war. Und tatsächlich, bereits innerhalb von zwei Wochen war alles bestens geklärt. Die Eheleute hatten einen Termin mit dem von mir empfohlenen Finanzierungsexperten geführt und das zur Verfügung stehende Budget für das Gesamtprojekt Neubau ermittelt. Nachdem nun das genaue Budget feststand, habe ich mit den Bauherren ihre Wünsche – wie soll das neue Haus aussehen, wie viele Räume und welche Wohnfläche werden benötigt, welche Ausstattung soll das Haus haben – besprochen. Im Anschluss an dieses Gespräch habe ich die Vorplanung des Neubaus für die Eheleute angefertigt und die dazugehörige Kostenkalkulation erstellt. Nach Abzug des für den Hausbau erforderlichen Kapitals und den dazu anfallenden Bau- und Baunebenkosten ermittelte ich den nun noch zur Verfügung stehenden finanziellen Rahmen für das Grundstück. Einige Tage nach unserem Gespräch hatte die Ehefrau ein Baugrundstück gefunden, was beiden sehr gut gefiel und absolut in das noch zur Verfügung stehende Budget passte. Die Suche nach einem geeigneten Grundstück schien sich als Glücksfall zu erweisen. Innerhalb der darauf folgenden drei Wochen hatten die Eheleute ihr Wunschgrundstück notariell beurkundet. Bei allen Gesprächen zur Finanzierung, zur notariellen Beurkundung, zur Auswahl der ausführenden Baufirma und zu den Vertragsterminen wurden die Eheleute von mir begleitet. Die Planung des Hauses war abgeschlossen und der Bauantrag wurde gestellt. Zu Beginn der Bauphase war es allerdings merkwürdig, dass alle Gespräche und Erledigungen allein von der Ehefrau durchgeführt wurden. Sie äußerte sich sehr verhalten und erklärte, dass ihr Mann sich für diese Dinge nicht interessiere. Nun gut, Menschen sind verschieden, deshalb hatte ich mir weiter keine Sorgen gemacht. Was mir allerdings auffiel, war, dass der Ehemann sich bei weiteren Gesprächen immer mehr im Hintergrund aufhielt, einen aggressiven Eindruck machte und sich an den Gesprächen nicht mehr beteiligte.

Am 24. Dezember erhielt ich um halb fünf Uhr morgens eine SMS der Bauherrin: Ihr Mann habe versucht, sie in der Nacht zu erwürgen und sie aus der bisherigen Wohnung geworfen. Ich war schockiert, das konnte doch nicht wahr sein. Es stellte sich leider als Tatsache heraus. Trotzdem wurde nach einiger Zeit der Hausbau weitergeführt, und nach wie vor war immer nur die Bauherrin allein an der Baustelle zu sehen. Es war eine Bauphase die mit allen Höhen und Tiefen einer zerbrechenden Partnerschaft gesegnet war. Bereits vier Monate nach dem Einzug wiederholte sich das Verhalten des Ehemanns in ähnlicher Weise, so dass die Ehefrau auszog. Das Haus steht nun zum Verkauf.

Was ich damit sagen will: Es muss zwar nicht in jedem Fall so ausgehen, aber eine Bauzeit beansprucht immer mehr Nerven und ist nicht immer nur mit positiven Erlebnissen verbunden. Auch wenn alles noch so gut verläuft, ist diese Zeit anspruchsvoll für eine Partnerschaft. Es ist entscheidend, dass beide Partner einen gemeinsamen Wunsch bzw. Plan verfolgen und sich der nervlichen Herausforderung bewusst sind. In jedem Fall sollte ein Hausbau nicht die Motivation sein, eine nicht mehr intakte Beziehung zu retten.

Die Wahl des Wohnortes

Beim Projekt Hausbau ist es in der Regel so, dass Sie sich für die nächsten 20 bis 30 Jahre, eventuell sogar für immer, an den gewählten neuen Wohnort binden. Deshalb ist es sehr wichtig, dass Sie sich gemeinsam in Ruhe darüber klar werden, wo das zukünftig sein soll. Auf dem Land, am Stadtrand, was passt am besten zu Ihnen? Wo fühlen Sie sich wohl? Was gefällt oder nervt Sie an Ihrem jetzigen Wohnort? Wollen Sie gerne abends den ruhigen Feierabend auf der Terrasse genießen oder lieber mit engem Nachbarschaftskontakt gemeinsame Aktivitäten unternehmen? Oder finden Sie Entspannung beim Sport und erwarten die dafür erforderlichen Sportstätten in Ihrem nahen Wohnumfeld. Machen Sie sich Notizen und besprechen Sie als Paar gemeinsam, welche Bedürfnisse jeder von Ihnen hat. Sie werden schnell selbst feststellen, wie unterschiedlich das sein kann. Schön, dass Sie es jetzt wissen. Vielleicht hat man einfach früher nie so konkret darüber gesprochen. Sie gewinnen auf diese Weise wichtige Erkenntnisse, ein elementarer Grundstein für einen mit Freuden angestrebten Umzug in Ihr neues Haus.

Zukunftsplanung

Neben der Wahl des neuen Wohnortes und Ihrer persönlich gewünschten dazugehörigen Infrastruktur gibt es auch noch weitere Aspekte: Wie stellen Sie sich Ihre persönliche Zukunft vor? Planen Sie Familienzuwachs und wenn ja, wie viele Personen? Oder planen Sie, dass später eventuell ein Elternteil bei Ihnen mit wohnen wird? Wird durch den Familienzuwachs zukünftig ein Einkommen wegen der Kindererziehung wegfallen? Wollen Sie später Ihr Haus wieder verkaufen, wenn die Kinder ausgezogen sind und das Haus viel zu groß ist oder soll es für ein ganzes Leben Ihr Zuhause bleiben? Fragen, die Sie vor Beginn der Bauphase klären sollten. Je konkreter Ihre Vorstellungen von Anfang an sind, desto mehr zahlt sich diese Klarheit in der Planung Ihres Hausbaus aus.

Vorstellungen müssen realistisch sein

Machen Sie sich klare realistische Gedanken zu Ihrem Hausbau. Sie sollen Träume haben und sich richtig freuen. Aber zu viel geträumt führt schnell zu Enttäuschung und das wollen Sie sicher nicht. Ihre eigenen Bedürfnisse an Wohnfläche, Großzügigkeit der Räume, Aussehen des Hauses und das Grundstück müssen finanziell realisiert, wirtschaftlich unterhalten, gereinigt, gepflegt und im schlimmsten Fall auch wieder veräußerbar sein. Gebühren und Abgaben für die wiederkehrenden Versorgungskosten, z.B. Gebühren für Wasser und Abwasser, bemessen sich zum Teil von der Größe des Grundstücks und seiner Bebauung. Auch ein Neubau bringt irgendwann Instandhaltungskosten mit sich, wenn das Haus renoviert werden muss oder der Garten bepflanzt und in Ordnung gehalten werden soll. Warum ist das alles wichtig? Weil es oft vergessen wird. Fragen Sie Bekannte und Freunde, die bereits in einem eigenen Haus wohnen, die können Ihnen sehr viel Klarheit über die zu erwartenden Kosten vermitteln.

Entscheidung ohne Zeitdruck

Unter Zeitdruck passieren zwangsläufig Fehler. Auch wenn Sie noch so sehr von dem einen oder anderen motiviert werden, sich schnell zu entscheiden. Sei es, um besondere Konditionen im Preis, ein besonders seltenes Grundstück oder um ein Schnäppchenangebot nutzen zu können, lassen Sie sich nicht von einer gewissenhaften, ruhigen Entscheidung abbringen. Sonst kostet die kurzfristige Ersparnis später einen hohen Preis. Eine meiner Bauherrschaften meldete sich bei mir und war von einem Grundstücksangebot sehr angetan. Die junge Familie wohnte bisher in einer sehr schönen Eigentumswohnung in städtischer Lage mit direktem Blick auf den Rhein. Zum Zeitpunkt des Grundstücksangebots eines Immobilienmaklers war gerade das zweite Kind der Bauherren geboren. Der Wunsch nach einem Haus und einem eigenen Garten wurde nun sehr groß. Das angebotene Grundstück lag am Ende einer Seitenstraße mit Sackgasse. Der Immobilienmakler berichtete in recht kurzen Intervallen den Interessenten, dass Sie sich zügig entscheiden müssten, weil es eines der letzten Grundstücke in dieser gewachsenen Struktur wäre. Sein Verkaufstalent sollte seine Wirkung nicht verfehlen. Die Interessenten ließen sich so sehr beeindrucken, dass sie all ihre Bedenken, ob sie sich dort auch wirklich wohlfühlen würden, unberücksichtigt ließen. Kurz vor Ablauf der Reservierungsfrist meldete sich der Immobilienmakler bei den Interessenten und teilte mit, dass er die Grundstückseigentümer davon überzeugen konnte, dass sie den Kaufpreis um 5.000 Euro reduzieren. Diese hätten der Entscheidung allerdings nur unter der Bedingung zugestimmt, dass das Grundstück innerhalb der Reservierungsfrist rechtsverbindlich zugesagt würde. Diese Aussicht überzeugte meine Bauherren endgültig, und sie kauften das Grundstück für 185.000 Euro.

Wir begannen das Wunschhaus zu planen. Das Haus war geplant, alle vertraglichen Grundlagen besprochen und der Bauantrag sollte gestellt werden. Als meine Bauherren sich während der Planungsphase intensiver mit ihrem Grundstück beschäftigten, wurde die Unsicherheit immer größer. Die Lage war im Randgebiet einer Stadt, die Infrastruktur bei weitem nicht vergleichbar mit dem, was die Familie gewohnt war. Immer wieder fuhren die Bauherren zum Grundstück und versuchten herauszufinden, ob sie dort glücklich sein würden. Ich empfahl den Bauherren, sich Zeit zu lassen mit ihrer Entscheidung. Schließlich war keine Eile geboten. Es kam, wie es kommen musste: Eines Abends riefen mich die Bauherren an und sagten, dass sie sich am vergangenen Wochenende bei einem Glas Rotwein die Zeit genommen haben, ihre Entscheidung zu überdenken. Sie kamen zu folgendem Ergebnis: Das Grundstück sollte wieder verkauft werden, weil keiner von beiden sich vorstellen konnte, in dieser Gegend zu wohnen. Der Verkauf des Grundstücks dauerte fast ein dreiviertel Jahr. Erst ein Jahr später wurde das wahre Wunschgrundstück gefunden. Mittlerweile lebt die Familie glücklich in einem wunderschönen Haus mit Garten. Das 5.000 Euro Schnäppchen beim ersten Grundstück hatte sich nicht gerechnet. Wiederverkauf und verlorene Zeit haben einige tausend Euro mehr gekostet. Deshalb meine Empfehlung: Lassen Sie sich nicht drängen!

Zeitplanung

Wie lange dauert das?

Wie lange dauert es eigentlich, bis so eine Hausplanung fertig ist? Eine individuell verschiedene Zeitspanne: Je nach Ihrer zur Verfügung stehenden Zeit, in der Sie sich in Ruhe dem Thema widmen können, um die ersten grundlegenden Fragen wie Lage des Wohnortes, Größe des Hauses, benötigter Wohnraum etc. und Ihre finanziellen Rahmenbedingungen zu klären. Zudem gilt es noch, das richtige Grundstück zu finden. Es ist z.B. in ländlichen Gebieten deutlich einfacher und damit schneller, ein Baugrundstück zu finden, als in der Stadt. Von der ersten Idee bis zum Grundstück und einer geklärten Finanzierung sollten Sie zwischen zwei bis fünf Monate rechnen. Wobei der Zeitraum von fünf Monaten sich schon auf eine mittelschwierige Grundstückssituation bezieht. Für die Planung Ihres Hauses auf dem Papier sind zwei bis vier Wochen realistisch. Es sei denn, Sie werden sich nicht schlüssig darüber, was Sie wollen. Hier zahlen sich wieder die klaren Vorstellungen am Anfang aus. Für die Auswahl des Haustyps und des Baupartners sind ebenfalls vier bis sechs Wochen realistisch. Sie haben neben den Vorbereitungen für Ihren Hausbau auch noch anderes zu tun. Deshalb erscheinen Ihnen die Zeitspannen vielleicht sehr lange. Sie werden feststellen, dass die Zeit allerdings sehr schnell vergeht.

Bauantrag

Sie haben die Auswahl Ihres Vertragspartners für die Erstellung Ihres Hausbaus getroffen, die Verträge wurden geprüft und für gut befunden. Nun wird der Bauantrag zu Ihrem geplanten und vertraglich fest vereinbarten Haus angefertigt. Das macht ein Architekt. In der Regel wird das durch einen von Ihrem Vertragspartner für den Hausbau beauftragten Architekten geschehen. Für die Fertigung des Bauantrages sollten Sie ebenfalls zwischen drei bis fünf Wochen einplanen. Voraussetzung ist, dass es keine Besonderheiten gibt, die den Bearbeitungszeitraum verlängern würden. Circa sechs bis acht Wochen nach Abgabe des Bauantrages können Sie bei normalem Verlauf mit der Erteilung der Baugenehmigung rechnen. Dies variiert allerdings auch häufig, je nachdem, in welchem Gebiet Sie bauen werden. Die hier angegebenen zeitlichen Fenster sind Angaben, bei denen es sich um ganz normale Verfahren handelt, die keine Besonderheiten in Bebauung oder Genehmigungsvoraussetzungen aufweisen und sie dienen deshalb nur als geschätzte Angaben zu Ihrer Orientierung. Die Dauer des eigentlichen Hausbaus hängt im Wesentlichen vom Typ des zu bauenden Hauses, der Jahreszeit und den vertraglich vereinbarten Vorgaben der bauausführenden Unternehmen ab. Ein gutes massiv, solide gemauertes Haus ohne Keller benötigt fünf bis acht Monate. Die Phase des Bauantrages zählt nicht zu der vertraglichen Bauzeit dazu. Die Bauzeit beginnt immer ab dem Datum, an dem mit dem Bau des Hauses begonnen wurde.

Unser Plan zum Hausbau!

Unser Plan zum Hausbau!

Die richtige Finanzierung

Eine – im wahrsten Sinn des Wortes – grundlegend entscheidende Thematik: Ohne eine richtige und gut ausgearbeitete Finanzierung wird die Realisierung Ihres Hausbaus fraglich. Alle Verpflichtungen, die Sie im Rahmen dieses Projektes schriftlich eingehen, sind für Sie bindend. Der erste Grundstein in eine gesicherte Bauphase ist die Bereitstellung des finanziellen Budgets.

Wie viel darf uns das Haus monatlich kosten?

_____

_____

_____

_____

_____

_____

Erfahrenen Finanzierungsberater wählen

Ein Finanzierungsberater muss erfahren im Bereich der Neubaufinanzierung sein. Damit meine ich jetzt aber nicht, dass Ihr Finanzberater „steinalt" sein muss. Aber einige Jahre Erfahrung in der Finanzierung und den Abläufen von Neubauvorhaben sollte Ihr Finanzierungsberater haben. Eine Neubaufinanzierung, die zu Ihnen und Ihren speziellen Anforderungen passt, besteht nicht nur aus der Unterschrift unter den Darlehensverträgen. Sprechen Sie mit Ihrem Finanzierungsberater über seine Erfahrungen diesbezüglich. Wie lange arbeitet er schon in diesem Bereich, oder ist es eventuell nur ein Zusatzgeschäft für ihn? Führen Sie diese Gespräche mit mehreren in Frage kommenden Finanzierungsberatern. Am besten führen Sie diese Gespräche bereits, wenn Sie sich mit dem Gedanken, ein Haus zu bauen oder zu kaufen, beschäftigen. Es sichert Ihnen in jedem Fall Klarheit über Ihr mögliches finanzielles Budget. Wenn Sie sich rechtzeitig mit der Klärung des Budgets beschäftigen, können Sie für sich gegebenenfalls überlegen, ob Sie jetzt konkret planen und suchen können oder ob Sie vielleicht Ihren Plan noch etwas zurückstellen. Selbst wenn die Klarheit über den möglichen finanziellen Rahmen nicht positiv ausfällt: Seien Sie nicht enttäuscht. Es gibt Ihnen die Möglichkeit, Ihren Plan weiter zu verfolgen und zu einem späteren Zeitpunkt verwirklichen zu können. Es wäre ein fataler Fehler, wenn Sie jetzt mit Gewalt und unter Verzicht aller Extrawünsche den Plan Hausbau realisieren und Sie dann später eventuell durch die kleinste unvorhergesehene Änderung Ihrer Situation Ihr Haus verlieren. Also sehen Sie Ihre Informationsgespräche zur möglichen Finanzierung eines Bauvorhabens als spannende, interessante und lehrreiche Erfahrung. Sie lernen hier bei jedem Gespräch dazu und werden am Ende sicher Ihre persönliche Entscheidung treffen.

Als Finanzierungsberater einen Freund oder Bekannten wählen

Wenn der beste Freund oder Bekannte die Finanzierung für Ihr Bauvorhaben beantragt, muss Ihnen bewusst sein, dass Sie am Ende Ihren besten Freund verlieren könnten. Es kann gut gehen, aber das Risiko ist groß. In jedem Fall werden Sie nicht so kritisch sein wie bei einer neutralen fremden Person. Sie kehren hier Ihr Innerstes nach außen und vertrauen Ihrem Freund alle privaten finanziellen Verhältnisse an. Die gesamte Einkommenssituation, Ihre Daten und die Ihrer eventuell mitfinanzierenden Personen werden öffentlich. Arbeitgeber, Ersparnisse, eventuelle andere finanziellen Verpflichtungen, die Sie noch haben, alles, was zur Klärung der Finanzierungsanfrage erforderlich ist, müssen Sie Ihrem Freund offenlegen. Wollen Sie das wirklich? Egal wie sich Ihre Lebenssituation darstellt oder entwickelt, innerhalb der nächsten 20 bis 30 Jahre werden Sie weiterhin alle Daten und Entwicklungen Ihrem Freund offenlegen müssen.

Einen Freund zu haben, ist sehr wertvoll. Mit Sicherheit wird man einen Freund im Vertrauen gerne um Rat fragen oder sich vielleicht einfach nur mal was von der Seele reden wollen. Es lohnt sich, die Entscheidung, ob gerade dieser beste Freund oder diese beste Freundin der oder die richtige Wahl ist als Finanzierungsberater/in, sehr genau zu überdenken. Ihr Freund oder Ihre Freundin werden Ihre Entscheidung, sich einen unabhängigen Berater zu suchen, sicher schätzen. Sagen Sie ihnen, dass Ihnen die Freundschaft zu wichtig ist, um sie eventuell auf's Spiel zu setzen.

Finanzierungsberater mit Kenntnisse des Markts aussuchen

Prüfen Sie, ob der von Ihnen gewählte Finanzierungsberater auch genügend Kenntnisse des Marktes in Bezug auf Neubauvorhaben hat. Nun fragen Sie sich, wie soll ich das denn machen? Eigentlich ganz einfach, lassen Sie sich Zeit und führen Sie viele Gespräche bevor Sie einen festen Partner für Ihre Finanzierungsberatung auswählen. Jedes Gespräch wird Ihnen mehr Einblick in die Kompetenz Ihres Gesprächspartners geben. Achten Sie darauf, dass z.B. die Ermittlung der Bau- und Baunebenkosten mit Ihnen besprochen wird. Hier können Sie am besten die Erfahrungswerte Ihres Gesprächspartners vergleichen. Arbeitet er mit eventuellen Pauschalen und Schätzungen, oder macht er Sie auf die genaue Ermittlung aufmerksam und gibt Ihnen Hinweise, wie die Kosten ermittelt werden müssen?

Ein weiterer Punkt ist das Thema Eigenleistungen. Wie realistisch schätzt Ihr Gesprächspartner die Eigenleistungen ein? Wird er Ihnen empfehlen, zur Reduzierung der zu finanzierenden Gesamtsumme so viel Eigenleistungen wie möglich einzubringen, oder möchte er wissen, was trauen Sie sich zu und was können Sie ohne Probleme in guter Qualität ausführen? Führen Sie Gespräche mit freien Finanzierungsberatern und mit Finanzierungsberatern von Banken, unter anderem natürlich auch Ihrer Hausbank. Erzählen Sie den jeweiligen neuen Gesprächsberatern für die Hausfinanzierung nicht, was die anderen Berater aus den vorausgegangen Gesprächen ermittelt bzw. gesagt haben. Wenn alle Angebote schriftlich bei Ihnen vorliegen, können Sie in Ruhe vergleichen und mit den Gesprächspartnern, bei denen Sie sich am besten beraten gefühlt haben, weitere Termine vereinbaren und verhandeln.

Ein kleiner Tipp: Verhandeln Sie immer noch einmal nach. In der Regel wird beim ersten Termin für ein Angebot nie die allerbeste Kondition weitergegeben. Ab dem zweiten Termin, mit den von Ihnen ausgewählten Finanzierungsberatern, können Sie auf jeden Fall sagen, dass Sie auch mit anderen im Gespräch sind und die Konditionen sich verbessern müssen, weil ein Mitbewerber eine bessere Kondition bietet. Lassen Sie sich nicht das Gefühl vermitteln, Sie bitten um etwas. Jedes finanzierende Kreditinstitut verdient sein Geld unter anderem aus dem Gewinn durch Zinseinnahmen. Diese Zinsen zahlen Sie im Rahmen Ihrer Baufinanzierung. Also sind Sie kein Bittsteller, sondern ein Kunde der für Einnahmen sorgt.

Finanzierungsberater sollte unabhängig sein

Ein nicht unabhängiger Finanzierungsberater handelt mit eingeschränkten Möglichkeiten des Marktes. Er kann und darf Ihnen aufgrund seiner Bindung an seine Geschäftspartner nicht alle Möglichkeiten anbieten. Eventuell ist mit seinen Partnern nicht das erdenklich Beste für Sie zu erreichen. Einen neutralen offenen Blick in die Angebotspalette des gesamten Marktes wird er nicht anstreben, weil er es auch gar nicht darf. Nicht weil er es nicht kann, sondern weil seine vertragliche Bindung es nicht erlaubt, dass er alle Anbieter verkauft. So ist z.B. der Finanzierungsberater, der ausschließlich für ein Versicherungsunternehmen arbeitet oder der Finanzierungsberater einer bestimmten Bank ist, nicht unabhängig. Das soll nicht heißen, dass unter Umständen Ihre Hausbank die schlechteren Konditionen hat, aber sie muss unbedingt mit vielen verschiedenen Anbietern verglichen werden.

Ein Finanzierungsberater, der unabhängig von einem Versicherungsunternehmen, einer Bausparkasse oder Bank arbeitet, vermittelt Geschäfte auf dem gesamten Angebotsmarkt. Das bedeutet, er arbeitet mit allen zur Verfügung stehenden Banken des Marktes zusammen. Sein Honorar erzielt er durch die Vermittlung von Finanzierungen. Das Honorar erhält nach erfolgreicher Vermittlung und Auszahlung der Kreditsumme der Finanzierungsberater direkt von der Institution, an die er vermittelt hat. Achten Sie also genau darauf, für wen und in wessen Interessen Ihr Berater arbeitet.

Beratungshonorar an Finanzierungsberater zahlen

Wenn ein Finanzierungsberater ein Beratungshonorar im Vorfeld schriftlich bestätigt haben möchte, sollten Sie vorsichtig sein. Gute freie Finanzierungsberater haben das nicht nötig. Sie arbeiten mit dem Ziel, Finanzierungen zu ermöglichen und generieren ihr Einkommen auf der Grundlage des Erfolges für ihre Kunden. Sie erhalten von den jeweiligen Kreditinstituten, zu denen eine Finanzierung erfolgreich vermittelt wurde, ihre eigene Provision direkt von der Bank, an die die Finanzierung vermittelt wurde. Deshalb berechnen sie keine Honorare auf der Basis, dass das Honorar auch im Falle des Scheiterns der Finanzierungsanfrage fällig ist. Sie sind sich ihrer Kompetenz sicher und brauchen aus diesem Grund keine Einnahmen von ihren Kunden aus der reinen Beratung.

Oftmals wird auch eine Verrechnung des Beratungshonorars bei Erfolg vereinbart. Was aber, wenn keine erfolgreiche Finanzierungszusage erreicht wurde? Dann müssen Sie das Honorar zahlen? Warum sollten Sie für etwas bezahlen, wenn Ihr Ziel nicht erreicht wurde? Von Ihnen wird auch erwartet, dass Sie Ihre gemachten Zusagen einhalten. Bauherren haben mir berichtet, dass Sie für die Beratung ein Honorar von 500 Euro zahlen mussten. Ohne dieses Honorar hat der Finanzierungsberater keine Tätigkeit aufgenommen. Die Bauherren bezahlten und bekamen nach zwei Tagen die Rückmeldung, dass eine Finanzierung Ihres Bauvorhabens nicht genehmigt wurde, es aber noch zwei anderen Kreditinstitute mit Aussicht auf Erfolg geben würde, bei denen er anfragen will. Natürlich bedeutet das auch einen Mehraufwand für ihn, und die Kunden sollten eine weitere Honorarvereinbarung unterschreiben. In dieser Vereinbarung stand nun, dass, wenn die Kreditzusage schriftlich vorliegt, ein zusätzliches Honorar für den Finanzierungsberater von 1.500 Euro fällig ist. Verständlicherweise haben sich die Bauherren dagegen entschieden, mangels Vertrauen in die Arbeit des Beraters. Die 500 Euro waren jedenfalls bezahlt – für „Nichts".

Fonds- und Lebensversicherung für die Finanzierung wählen

Das Risiko, das die Renditen, die prognostiziert werden, zum Zeitpunkt der Auszahlung nicht erreicht werden, ist viel zu groß. In Zeiten einer Niedrigzinsphase erwirtschaften die Lebensversicherungen nur sehr geringe Gewinne. Dadurch ist eine Finanzierung über Lebensversicherungen nicht mehr attraktiv. Am Ende der Laufzeit müssen Sie in jedem Fall Ihr Haus bezahlt haben. Wird die Auszahlung aus der dann fälligen Lebensversicherung geringer als prognostiziert, müssen Sie die Restsumme Ihrer Hypothek entweder nachfinanzieren oder haben sie im besten Fall als Guthaben zur Verfügung. Aber das ist selten der Fall.

Sich auf die Entwicklung des Aktien- und Fondsmarktes zu verlassen, ist ein noch größeres Risiko. Hier kann am Ende keiner genau voraussehen, was zum Zeitpunkt der Fälligkeit an Kapital erwirtschaftet wurde. Das Ergebnis bleibt das Gleiche: Sie müssen teuer nachfinanzieren. Ein Beispiel hierzu berichteten mir junge Bauherren, deren Eltern vor 15 Jahren diese Variante der Finanzierung gewählt hatten. Im Vertrauen auf die damals prognostizierten Gewinne wurde die Finanzierung des Eigenheims vollkommen über eine Kapital-Lebensversicherung gewählt. Die jährlichen Gewinnentwicklungen, die die Versicherungsgesellschaft prognostiziert hatten, ließen bereits nach den ersten zehn Jahren erkennen, dass das nie ausreichen würde. Der Bedarf an Kapital zum Zeitpunkt der Fälligkeit der Tilgung wird, wenn die Entwicklung so bleibt, maximal noch 60 Prozent betragen. Also müssen die Eltern nun versuchen, bereits jetzt die Summe entweder anzusparen oder durch Änderung der Finanzierung eine Verbesserung zu erzielen. In jedem Fall kostet es die Familie sehr große finanzielle Mehraufwendungen und das Monat für Monat. Zu Beginn war das nicht absehbar und nun stehen die Eltern vor der Entscheidung, eventuell ihr mit viel Energie, Mühen und Hoffnungen gebautes Haus verkaufen zu müssen. Das Ziel, im Alter ein eigenes bezahltes Zuhause zu besitzen, in dem die Eheleute ihren wohlverdienten Ruhestand genießen können, ist in weite Ferne gerückt, wenn nicht sogar ganz verloren.

Bausparvertrag für die Finanzierung wählen

In den seltensten Fällen macht es Sinn, eine Baufinanzierung nur über einen Bausparvertrag zu wählen. Erfahrene unabhängige Finanzierungsberater klären Sie über Sinn und Einsatz von Bausparverträgen auf. Ich möchte an dieser Stelle nicht sagen, dass Bausparverträge in jedem Fall falsch sind. Aber ich möchte Sie darauf aufmerksam machen, dass Sie sich über den genauen Nutzen, den Sie aus einem Bausparvertrag erhalten können, informieren. Es ist sehr häufig so, dass bereits sehr junge Menschen, wenn sie ihre Berufsausbildung beginnen, von ihrem Bankbetreuer angesprochen werden und von ihm zum Abschluss eines Bausparvertrages motiviert werden. Nun, sollte das der Fall gewesen sein und Sie haben bereits Einzahlungen vorgenommen, ist das kein Problem. Eigenkapital können Sie bei der Finanzierung Ihres Neubaus immer gebrauchen. Klarheit über die sinnvolle Verwendung, den Einsatz und weiteres Vorgehen erhalten Sie durch mehrere Gespräche mit verschiedenen Finanzierungsberatern. Hier zahlt sich Ihre Mühe vom Anfang wieder aus, mit mehreren verschiedenen Finanzierungsberatern der Banken sowie mit freien Finanzierungsberatern gesprochen zu haben.

Bau- und Baunebenkosten ermitteln

Ein ganz wichtiger Punkt bei der Ermittlung der von Ihnen zu finanzierenden Gesamtsumme für Ihr Bauvorhaben ist die genaue Ermittlung der Bau- und Baunebenkosten. Diese Kosten müssen im Rahmen der Finanzierung mit berücksichtigt werden. Die genaue Ermittlung der Bau- und Baunebenkosten sollte vorher teilweise von Ihnen und mit Hilfe eines erfahrenen Finanzberaters ermittelt werden. Viele Kosten, an die man auf den ersten Blick nicht denkt, gehören hierzu, z.B. die Notar- und Grunderwerbsteuer: Sie wird entweder vom Grundstückspreis oder, je nach Vertragssituation, von der Gesamtkaufsumme des Grundstücks und dem Kaufpreis laut Hausbauvertrag berechnet. Sollten Sie Ihr Grundstück über einen Immobilienmakler kaufen, fallen noch Kosten für die Maklercourtage an. Zur Vermessung Ihres Grundstücks für den Bauantrag und die spätere Gebäudeeinmessung sind Kosten an den Vermesser zu zahlen. Für den Bauantrag und die zu beantragenden Genehmigungen sind Genehmigungsgebühren zu entrichten. Damit Ihr Baugrundstück für die Bebauung vorbereitet und die Bearbeitung des Erdreichs im Bereich des Baukörpers sowie der Anlage für Terrasse, Garage, Einfahrt und Garten erledigt wird, sind Erdarbeiten auf Ihrem Grundstück erforderlich. Diese Kosten sollten Sie durch Angebote von Tiefbauunternehmen einholen. Sie sind nicht zu vernachlässigen. Je nachdem wie das Bodengutachten ausfällt, kommen zu den normalen Kosten noch erhebliche Mehrkosten für den Austausch von Erdreich und der An- und Abfuhr des Erdreichs hinzu. In Ihren zu berücksichtigenden Bau- und Baunebenkosten sollten Sie in jedem Fall die Kosten für ein Bodengutachten mit einrechnen.

Damit Ihr fertiggestelltes Haus an die Energieversorgung angeschlossen wird, müssen für die verschiedenen Versorgungen Kosten berücksichtigt werden. Zu den Hausanschlusskosten zählen alle Anschlüsse an die Versorgung z.B. mit Gas, Strom, Wasser, Telekommunikation sowie die Kanalanschlussgebühren.

Die Bauzeitzinsen für Ihre Finanzierung stellen einen weiteren Part der Bau- und Baunebenkosten dar. Wie lange muss das finanzierende Institut Ihr Geld bereitstellen, bis Sie die Summe komplett abgerufen haben? Hier gibt der Finanzierungsberater Auskunft über den zu berücksichtigenden Betrag.

Während der Bauphase wird Baustrom und -wasser an Ihrer Baustelle benötigt. Diese Kosten müssen pauschal veranschlagt werden. Wenn Sie nach Fertigstellung Ihres Hauses mit der Innengestaltung beginnen, benötigen Sie finanzielle Mittel für die Maler- und Tapeziererarbeiten. Selbst wenn Sie diese Arbeiten in Eigenleistungen ausführen, müssen Tapeten, Farben und alle Materialien gekauft werden. Genauso ist es mit den Kosten für die Bodenbeläge. Wünsche für neue Möbel und Ausstattungsdetails sollten Sie auch nicht vergessen. Nach dem Einzug werden Sie Ihr Grundstück noch mit einer schönen Außenanlage (Garten) anlegen.

Diese Kosten werden auf Sie zukommen. Machen Sie sich deshalb die Mühe, diese Kosten so genau wie möglich zu kalkulieren. Ein guter und erfahrener Finanzierungsberater wird diese Kosten mit Ihnen zusammen ermitteln und Ihnen Rat geben, wie Sie Ihre Kosten genau in Erfahrung bringen. Regional können die nämlich sehr stark variieren. In einem Neubaugebiet empfiehlt es sich, auch die Nachbarn zu fragen, z.B. nach den Hausanschlusskosten. Dort liegen bereits Erfahrungswerte vor. Ein schöner Nebeneffekt ist zudem, dass man sich schon einmal kennenlernt.

Ausreichend finanziert

Eine zu geringe Finanzierung ist die ungünstigste Situation! Eine gute Ermittlung der Gesamtbaukosten im Vorfeld zahlt sich aus. Berücksichtigen Sie neben der genauen Ermittlung der Baukosten sowie der Nebenkosten auch alle eventuellen Extrawünsche. Meine Erfahrungen zeigen, dass immer etwas Unvorhergesehenes dazukommen kann. Auch wenn alle Kosten ermittelt sind, kann es sein, dass während der Bauphase noch Extrawünsche oder eine veränderte Bauausführung die Kosten erhöhen können. Es könnte z.B. sein, dass Sie sich während der Bauphase entscheiden, eine andere Dachausführung zu nehmen. Vielleicht entscheiden Sie sich später, den Dachboden doch ausbauen zu lassen und das wäre mit der geplanten Ausführung nicht möglich. Oder ganz banal könnte z.B. Ihre Waschmaschine kaputtgehen oder sogar Ihr Auto. Dann sollten Sie nicht so knapp kalkuliert haben, dass die Mittel nicht zur Verfügung stehen, weil das gesamte Kapital zur Finanzierung Ihres Neubaus verplant ist. Sollten Sie am Ende der Bauphase noch Mittel aus der finanzierten Summe übrig haben, können Sie diese als Sondertilgung wieder auf Ihr Baudarlehen einzahlen. In jedem Fall sind Sie so auf der sicheren Seite. Eine eventuelle Nachfinanzierung wird immer sehr teuer und sollte in jedem Fall vermieden werden.

Konditionen nicht zu teuer einkaufen

Wenn die Auswahl eines Finanzierungsberaters nicht mit der nötigen Sorgfalt geschieht, kaufen Sie eventuell zu hohe Zinskonditionen ein oder erhalten nicht alle möglichen Fördermittel, die Ihnen zustehen. Gerade bei den Förderungen ist fast jährlich mit Änderungen zu rechnen. Ein am Markt informierter Finanzierungsberater, dessen Fokus auf der Finanzierung von Neubauten liegt, weiß das und ist immer gut über Änderungen auf dem Finanzmarkt informiert. Konzentrieren Sie sich aber nicht nur auf einen Finanzierungsberater. Holen Sie Vergleichsangebote ein, dann haben Sie eine Möglichkeit, alle Konditionen, die der Markt für Sie persönlich bereithält, auszuschöpfen. Wenn Sie sich überlegen, dass eine Zinskondition z.B. um 0,5 Prozent teurer als bei anderen Anbietern eingekauft wird und Sie rechnen diese 0,5 Prozent auf die gesamte Bausumme und die Dauer der Finanzierungszeit hoch, dann erklärt sich von allein, wie teuer eine zu schlecht verhandelte Zinskondition für Sie werden kann. Die erste Möglichkeit, die eingekauften Zinskonditionen zu ändern, besteht für Sie nach Ablauf der Zinsbindungsphase. Und das ist meistens nach frühestens 10 bis 15 Jahren möglich. Wie sich dann zu diesem Zeitpunkt die Zinsen entwickelt haben, das kann heute keiner voraussehen.

Den Bereitstellungszins beachten

Bei der Planung Ihrer Finanzierung sollten Sie unbedingt auf die Dauer der bereitstellungszinsfreien Zeit achten. Meistens wird hier ein Zeitraum von sechs Monaten veranschlagt. Dies kann sehr oft zu kurz sein und ist auch nicht mehr zeitgemäß. Sollte das Bauantragsverfahren länger dauern oder sich die Bauzeit verzögern, müssen Sie monatlich Zinsen für die Bereitstellung Ihrer Baufinanzierung zahlen. Das bedeutet, wenn das Kreditinstitut Ihr Geld für die Hypothek bereitstellt, also auf Abruf bereithält, müssen Sie, bis Sie das Geld für die Zahlung der Raten abrufen, den sogenannten Bereitstellungszins zahlen. Eine bereitstellungszinsfreie Zeit von zwölf Monaten ist zur Sicherheit zu empfehlen und heutiger Standard.

Zinsbindung nicht zu gering vereinbaren

Ein weiterer wichtiger Punkt ist die Beachtung der Zinsbindung. In Ihrem Finanzierungsangebot steht der Zinssatz, den Sie für Ihre Baufinanzierung zu zahlen haben. Dieser Zinssatz, den Sie zu Beginn der Finanzierung vertraglich vereinbaren, wird Ihnen im Darlehensvertrag für einen gewissen Zeitraum als fester Zinssatz garantiert. Das bedeutet, dass sich der Zinssatz für die im Vertrag vereinbarte Zeit nicht mehr ändert. Die Dauer des festgeschriebenen Zinssatzes (Zinsbindung) kann man unterschiedlich gestalten. Wenn Sie z.B. einen Zeitraum von zehn Jahren für den bestimmten Zinssatz vereinbaren, bedeutet dies, dass nach Ablauf dieser Zeit Ihr Haus noch nicht abbezahlt ist und Sie dann den Zinssatz neu verhandeln müssen. Der dann zu diesem Zeitpunkt gültige Zinssatz wird für die nächsten Jahre dann für Ihre Finanzierung neu festgelegt. Weil man heute noch nicht absehen kann, welcher Zinssatz in z.B. zehn Jahren aktuell ist, sollten Sie beim Finanzierungsangebot genau auf die zu wählenden Möglichkeiten achten. Zugunsten eines etwas niedrigeren Zinses wird oft von Bauherren entschieden, eine kürzere Zinsbindung zu wählen. Das sollten Sie unbedingt genau überdenken. Im Moment befinden wir uns in einer ausgesprochen günstigen Bauzinsphase. Diesen niedrigen Zins können Sie sich für einen gewissen Zeitraum festschreiben lassen. Je länger diese Zinsbindung gewählt wird, desto höher entwickelt sich der Zinssatz. Ein guter Finanzberater wird Ihnen das rechnerisch genau darstellen. Eine möglichst lange Zinsfestschreibung ist in jedem Fall eine gute Entscheidung. Denn auch ein heute etwas höherer Zins wird sich positiv rechnen, wenn z.B. in zehn Jahren der Zinssatz extrem gestiegen ist und Sie diesen hohen Zinssatz für die restliche Zeit der Baufinanzierung akzeptieren müssen. Lassen Sie sich in der Angebotsphase der Finanzierung verschiedene Modelle ausrechnen und die Unterschiede von Ihrem Finanzierungsberater darstellen. So erhalten Sie einen besseren Ein- und Überblick über die Auswirkungen der verschiedenen Varianten.

Finanzierung aus dem Internet

Achtung: Das Eingeben aller Daten und der Ausdruck des Antrages ist keine Zusage der Finanzierung. Ohne eine schriftliche Bestätigung, also einer ausdrücklichen Zusage der genehmigten Finanzierung, ist es nur ein freibleibendes Angebot. Selbst wenn die Proberechnung ein Okay ergab und Sie den Antrag online abgeschickt haben, genehmigt ist die Finanzierung erst dann, wenn Sie eine schriftliche Zusage erhalten haben. Immer wieder werden Hausbauverträge geschlossen und Baugrundstücke gekauft mit der sicheren Überzeugung, dass die Finanzierung steht und gesichert ist. Und immer wieder erlebe ich es dann, dass die bauwilligen Bauherren ohne Finanzierung auf den Kosten sitzen bleiben. Ich kann Ihnen nur dringend anraten, das nicht als Zusage anzusehen. Sie müssen eine schriftliche Zusage bzw. Annahme des finanzierenden Instituts in Ihren Händen halten. Beide Vertragspartner müssen schriftlich dem Darlehensvertrag zustimmen, also Sie und das finanzierende Institut. Alles andere ist Spekulation. Wenn Sie sich vertraglich an die hausbauende Firma binden oder notariell Ihr Grundstück beurkunden, müssen Sie die geschlossenen Verträge erfüllen. Wie Sie das bewerkstelligen, ist dann leider Ihr Problem.

Ein Finanzierungsangebot reicht nicht aus

Nein, ein Angebot ist ein Angebot und kann jederzeit zurückgezogen werden. Selbst wenn Sie eine feste mündliche Zusage der Finanzierung haben, holen Sie sich mehrere Angebote ein. Freuen Sie sich über eine mündliche Zusage, aber vergleichen Sie weiter, bevor Sie der mündlichen Zusage eine schriftliche Bestätigung folgen lassen. Die Zusage muss Ihnen von dem finanzierenden Institut immer schriftlich vorliegen. Ohne eine schriftliche Bestätigung, also Zusage der genehmigten Finanzierung, ist es nur ein freibleibendes Angebot. Schließen Sie keine Hausbauverträge oder Kaufverträge von Baugrundstücken mit der Überzeugung, dass die Finanzierung gesichert ist, nur aufgrund einer mündlichen Zusage Ihres Finanzierungsberaters. Wenn Sie sich vertraglich zum Immobilien- und Grundstückserwerb verpflichten, müssen Sie Ihre geschlossenen Kaufverträge erfüllen. Bevor Sie zum Schluss Ihre Unterschrift unter die Darlehensverträge setzen, heißt es für Sie, sich Zeit für diverse Finanzierungsgespräche und Angebote zu nehmen. Euphorie durch mündliche Aussagen ist hier der falsche Weg.

Finanzierung zum Hausbau!

Finanzierung zum Hausbau!

Was ist bei der Grundstückswahl zu beachten

Grundstück nur mit Bodengutachten kaufen

Wenn Sie das Grundstück Ihrer Wahl gefunden haben, sollten Sie als zukünftige Bauherren vor dem Erwerb unbedingt ein Baugrundgutachten auf Ihre eigenen Kosten anfertigen lassen. Nur so können Sie böse Überraschungen vermeiden.

An dieser Stelle ein Beispiel: Sie haben Ihr Grundstück gekauft und notariell beurkundet. Das Haus ist geplant, die Verträge geschlossen, und dann geben Sie das Baugrundgutachten in Auftrag. Das Ergebnis bzw. die Auswertung kommt und wirft unter Umständen alle Ihre Pläne um. Sofort ist klar: Sogar der geplante Finanzierungsrahmen wird gesprengt! Laut Baugrundgutachten befindet sich im Erdreich z.B. ein großer Felsbrocken genau da, wo Ihr Keller ausgeschachtet werden soll. Oder das Baugrundgutachten sagt aus, dass der Boden stark ausgetauscht werden muss, weil er nicht tragfähig ist. Im Norden kann z.B. ein unerwarteter Torfbereich im Erdreich gefunden werden. Dadurch ist dann eine normale Bebauung unmöglich. Erhebliche Mehrkosten kommen nun auf Sie zu. Wenn Sie nicht über große Reserven an Eigenkapital verfügen, steht bereits vor Beginn der Bauphase fest, dass Ihre Finanzierung nicht ausreichen wird. Schon fangen die Sorgen an. Wie können Sie die am Ende fehlenden finanziellen Mittel nachfinanzieren? Wo können Sie sich mit Ihren Wünschen einschränken, um das gewünschte Ziel eines Eigenheims doch noch zu erreichen? Dieses nicht zu kalkulierende Risiko können Sie nur ausschließen, indem Sie vor Kauf des Baugrundstücks ein Baugrundgutachten anfertigen lassen.

Grundstück mit der richtigen Ausrichtung kaufen

Die Ausrichtung Ihres Grundstücks ist für Ihre Lebensqualität im neuen Haus ebenso wichtig wie für das Erreichen der erforderlichen Energieeffizienzwerte des Hauses. Es geht also nicht nur um die angenehme Südseite Ihrer Terrasse, sondern auch um eine effiziente Nutzung der Sonne als Energiequelle. Ist die Ausrichtung schlecht, werden schnell Mehrkosten für die Erreichung des Energieeffizienzwertes entstehen. Sollte sich mit der Ausrichtung des Grundstücks der Effizienzwert mit der vorgesehenen Bebauung nicht erreichen lassen, müssen die Werte durch zusätzliche Maßnahmen am Hausbau und der Heiztechnik hergestellt werden. Eventuell müssen unter der Bodenplatte zusätzliche Dämmungen vorgenommen werden. Es kann sein, dass Sie die Heiztechnik ändern müssen und zusätzlich noch eine kontrollierte Be- und Entlüftungsanlage ergänzen müssen.

Eine weitere Auswirkung in negativer Weise kann z.B. sein, wenn Sie das Dach des Hauses mit einer Photovoltaikanlage zur Erzeugung von Strom durch Sonnenenergie einsetzen wollen. Wenn die Ausrichtung des Grundstücks ungünstig ist, werden Sie auf der geplanten Dachfläche nicht ausreichend Energie erzeugen können. In diesem Fall belegt man eine andere Seite des Daches mit der Photovoltaikanlage. Hier wiederum ist das Gelingen davon abhängig, welche Dachform Sie für Ihr Haus vorgesehen haben. Bei einem Satteldach haben Sie nur zwei gegenüberliegende Dachflächen zur Verfügung. Wenn die Ausrichtung schlecht ist und Sie die ursprünglich gewählte Seite nicht nehmen können, werden Sie die andere Seite mit der Anlage belegen müssen. Hier stellt sich dann allerdings die Frage, ob diese Dachseite effektiv für die Nutzung der Photovoltaikanlage ist. Eine nach Norden gerichtete Dachseite ist z.B. absolut untauglich, weil hier zu wenig Sonneneinstrahlung vorliegt. Vielleicht hatten Sie aber auch genau auf der Top-Dachseite, die für die Nutzung der Sonnenenergie optimal ist, eine Dachgaube geplant. Dadurch wäre dann nicht mehr genug Dachfläche auf dieser Seite zur Verfügung. Also lohnt es sich in jedem Fall, sich vor dem Erwerb des Grundstücks auch über die Ausrichtung intensiv Gedanken zu machen.

Grundstückskauf über Immobilienmakler

Vergessen Sie nicht: Der Kauf eines Grundstücks über einen Immobilienmakler kostet zusätzlich Courtage. Berücksichtigen Sie das bei der Höhe der zu finanzierenden Mittel. In der Regel beträgt die Courtage 3,57 Prozent des Kaufpreises von dem ausgesuchten Grundstück. Dies kann aber in verschiedenen Regionen durchaus unterschiedlich ausfallen. Informieren Sie sich bei dem vermittelnden Makler über die fälligen Gebühren.

Lassen Sie sich auch vor der notariellen Beurkundung alle Daten und Auszüge aus dem Grundbuch von diesem Grundstück zur Einsicht geben. Sie benötigen den Lageplan des Grundstücks, einen Auszug aus dem Kataster und eine genaue Einsicht über eventuelle Lasten, die auf dem Grundstück noch vorhanden sein könnten. Lasten sind nicht nur finanzielle Eintragungen, sondern auch eventuelle Eintragungen über Wegerechte oder Leitungsrechte. Es kann sein, dass Nachbarn oder Angehörige Rechte über bestimmte Arten der Nutzung oder Mitnutzung im Grundbuch festgeschrieben haben. Diese Unterlagen sollte der Immobilienmakler Ihnen in aktueller Ausführung besorgen und zur Verfügung stellen – natürlich nur dann, wenn Sie wirkliches Kaufinteresse bekundet haben. Sie können sich sicher vorstellen, dass solche Daten nicht an jeden Interessenten ausgegeben werden. Leider passiert es immer häufiger, dass Immobilienmakler zwar ein Grundstücksangebot, aber bei genauerem Nachfragen keine Kenntnisse über die aktuellen Begebenheiten und Eigentumsverhältnisse haben.

Sie müssen neben der Information über das in Frage kommende Grundstück auch die zeitliche Möglichkeit haben, Ihre Finanzierung dementsprechend zu sichern. Deshalb ist es vollkommen normal, wenn Sie das Grundstück für einen gewissen Zeitraum reservieren, um Ihre finanzielle Lage zu klären. In manchen Fällen wird eine Reservierungsgebühr von Ihnen erwartet. Diese wird später mit der Courtage bzw. dem Grundstückpreis verrechnet, wenn Sie das Grundstück rechtskräftig notariell beurkundet haben. Auf diese Weise will man die Ernsthaftigkeit des Interessenten feststellen und verhindern, dass das Grundstück willkürlich reserviert wird und somit die Veräußerung deutlich länger dauert, als es nötig wäre.

BPlan beim Kauf berücksichtigt

Der BPlan, also der Bebauungsplan, regelt, auf welche Art und Weise Ihr Grundstück bebaut werden darf. Erlauben die Vorschriften die gewünschte Bebauung nicht, sind alle Wünsche und Pläne zunichte. Für jedes Baugrundstück gibt es vorgeschriebene Maße und Grenzen der Bebaubarkeit: Die Größe und Lage des Hausgrundkörpers und der Garage, die erlaubte Dachneigung und Dachform, die Höhe des Hauses sowie die erlaubte Geschosszahl, um nur die wichtigsten Vorgaben zu nennen. Vor dem Grundstückskauf sollten Sie sich über die erlaubte Bebauung genauestens informieren, damit Sie nicht enttäuscht werden.

So ist es vor einigen Monaten zwei Bauherren ergangen: Sie hatten mit einem Architekten teuer ihr Wunschhaus als Stadtvilla geplant und einen Vertrag mit der hausbauenden Firma geschlossen – mit sehr viel Mühe und Liebe zum Detail. Die Grundstückssuche an dem auserwählten Standort, an dem das Haus gebaut werden sollte, gestaltete sich sehr problematisch. Wie fast überall in Gebieten mit städtischer Infrastruktur sind die Angebote an Baugrundstücken sehr rar. Als nun zufällig ein Grundstück gefunden wurde, entschlossen sich die Bauherren kurzerhand zum Kauf. Die Frage, ob sie ihr geplantes Haus dort bauen dürften, wurde vom Grundstücksveräußerer positiv beantwortet. Das Grundstück war aus privatem Besitz und der Verkäufer wohl davon überzeugt, nicht wissend, dass dies falsch war. Die Finanzierung war bestens kalkuliert und gesichert. Sodass der notariellen Beurkundung nichts im Wege stand. Als die glücklichen Bauherren mit ihrem frisch erworbenen Grundstück zu ihrer Vertragsfirma kamen und von dort der Bauantrag angefertigt werden sollte, kam die böse Überraschung: Eine Bebauung mit zwei Vollgeschossen, wie es für den vertraglich vereinbarten Haustyp erforderlich war, war gemäß Bebauungsplan nicht erlaubt. Sie können sich sicherlich gut vorstellen, wie groß das Entsetzen und die Enttäuschung waren. Es gab nur zwei Möglichkeiten: Entweder das Grundstück wieder verkaufen und auf ein neues Angebot hoffen oder mit dem Architekten neu planen und der hausbauenden Firma die neue Planung unterbreiten, damit der Vertrag dementsprechend angepasst wird. Alles zusammen ein sehr großer Aufwand mit dem Ergebnis, dass es nicht das Wunschhaus würde, die Finanzierung nicht ausreicht, weil die neue Planung bezahlt werden muss, und der Hauspreis nicht mehr der gleiche wäre. Die Bauherren haben in den sauren Apfel gebissen, weil sie aus finanziellen Gründen den Hausbau beginnen mussten. Das hätte alles vermieden werden können, wenn sie sich vorher genau über die erlaubte Bebauung informiert hätten.

Ist Erdwärme erlaubt?

Nicht überall ist eine Erdbohrung zur Nutzung der Erdwärme erlaubt. Bei dieser Variante der Nutzung von Wärmegewinnung durch Erdwärme handelt es sich um eine sehr kostenintensive, aber auch effektive Energienutzung. Sollte diese nicht angewandt werden können, hat das zur Folge, dass die gesamte Heiz- und Klimatechnik der Hausplanung nicht wie geplant ausgeführt werden kann. Auch hier gilt vor dem Kauf von Grundstück und Haus, sich genauestens über die Vorgaben zu informieren.

Ob Sie sich für Erdwärme entscheiden, ist letztendlich eine Frage des Geschmacks und des Budgets. Einige Hinweise möchte ich hier trotzdem geben: Es gibt in verschiedenen Gebieten sehr gute Werte der Erdenergie. In diesen Bereichen wird ein Haus neben dem anderen mit dieser Technik ausgestattet. Das bedeutet, dass überall Erdbohrungen in kürzesten Entfernungen voneinander stattfinden, um die Energie aus diesen Bereichen nutzen zu können. Es gibt Erkenntnisse, dass dadurch der Energiegewinn in diesen Gebieten negativ beeinflusst wird. Die Erde kann man sich auf die Dauer gesehen wie einen Schweizer Käse vorstellen. Was Ihnen auch noch bewusst sein muss, ist die Tatsache, dass wenn einmal in ein paar Jahren ein Defekt an der unterirdischen Heiztechnik vorliegen sollte, werden Sie mit deutlich höheren Aufwendungen rechnen müssen. Denn alle Arbeiten an der defekten Anlage werden unterhalb des Erdreichs ausgeführt werden müssen.

Grundstück muss erschlossen sein

Achten Sie beim Grundstückskauf darauf, dass das Grundstück voll erschlossen ist. Im Notarvertrag sollte stehen, dass keine weiteren Erschließungskosten mehr anfallen und damit vom Erwerber zu zahlen sind. Dies gilt vorwiegend bei neu erschlossenen Baugebieten. Hier werden ausschließlich Neubauten erstellt. Die Straßen in diesen Bereichen werden zu Beginn als Baustraßen angelegt und bleiben für die Dauer bis die meisten Neubauten fertiggestellt sind. Erst ab einem gewissen Zeitpunkt (in der Regel innerhalb der ersten ein bis zwei Jahre) werden die Baustraßen dann als Anliegerstraßen fertiggestellt und die Bürgersteige angelegt. Aus diesem Grund gibt es auch meistens einen gewissen vorgegebenen Zeitraum, in dem Sie Ihr Haus fertig gebaut haben bzw. mit dem Hausbau begonnen haben sollten. Wenn die Straßen fest angelegt sind, ist es für Sie ein großes Risiko, wenn die Baumaterialien durch Fahrzeuge mit schwerer Last, z.B. durch LKW oder Kran, angeliefert werden. Die Bürgersteige werden meistens beschädigt. Für den dann entstanden Schaden müssen Sie als Bauherr aufkommen. Die anliefernden Firmen übernehmen die Haftung hier nicht. Dies ist im Werkvertrag Ihres Vertragspartners geregelt. Wenn Sie ein Baugrundstück kaufen, bei dem klar ist, dass später noch Kosten der Erschließung von Ihnen zu bezahlen sind, sollten Sie sich vor dem Kauf genau über die zu erwartenden Kosten informieren.

Kaufen und Testen

Bevor Sie Ihr Grundstück kaufen, machen Sie sich mit Ihrer neuen Umgebung und Ihren zukünftigen Mitmenschen vertraut. Fahren Sie an verschiedenen Tageszeiten zu Ihrem Grundstück und prüfen Sie, ob Ihre Erwartungen, z.B. an Licht und Sonne, erfüllt werden. Wie wird es im Sommer auf Ihrer Terrasse wohl sein, scheint die Sonne dort, wo und wie Sie sich den Sonnenstand im Sommer wünschen? Wo geht die Sonne auf und wo geht sie unter? Stellen Sie sich vor, Sie wohnen hier und gehen in Gedanken Ihren Tagesablauf durch. Sie erhalten schnell ein Gefühl dafür, ob Sie sich hier wohlfühlen werden. Gehen Sie in die Geschäfte des täglichen Bedarfs und schauen Sie, wie weit der Weg zum nächsten Bäcker, dem Arzt, den Apotheken, Kindergärten, Schulen und Sporteinrichtungen etc. ist. Besichtigen Sie Kindergärten und Schulen, und sprechen Sie gegebenenfalls mit den dort zuständigen leitenden Personen. Prüfen Sie, ob die gewünschte Infrastruktur vorhanden ist. Fahren Sie einmal Ihren Arbeitsweg ab und prüfen Sie, wie lange es dauert, bis Sie Ihren Arbeitsplatz erreichen. Gehen Sie aus und lernen Sie die Menschen dort kennen. Ein Eindruck zu viel ist besser als einer zu wenig.

Notarvertrag nur mit Passus „frei von Altlasten" unterschreiben

Achten Sie darauf, dass in Ihrem Notarvertrag genau festgehalten wird, dass das Grundstück frei von Altlasten ist. Das bedeutet, dass der Boden frei von Schadstoffen oder anderen Altlasten ist. Es könnte sein, dass sich im Erdreich Substanzen, Öle, Chemikalien etc. befinden, die von außen natürlich nicht zu sehen sind, aber entweder eine enorme Minderung des Kaufpreises bewirken würden oder, dass für Sie dadurch erhebliche Kosten für die Beseitigung der Kontaminierung des Erdreichs entstehen werden. Sie entsorgen das verunreinigte Erdreich und müssen es dann neu auffüllen. Ein kontaminiertes Grundstück, wo z.B. früher eine Kfz-Werkstatt stand, wodurch Öl ins Erdreich gedrungen ist, kann unter Umständen ausgesprochen teuer werden und in manchen Fällen gar nicht mehr bebaubar sein. Deshalb müssen Sie dringend auf diesen Inhalt im Notarvertrag achten. In der Urkunde sollte stehen, dass das Grundstück frei von Altlasten ist. Ein Entwurf des Notarvertrages muss Ihnen durch den Notar bzw. vom Notariat 14 Tage vor dem Termin der Beurkundung zugestellt worden sein, dies ist gesetzlich vorgeschrieben. Sie haben 14 Tage Zeit, den Entwurf zu lesen und alle Fragen mit dem Notar in dieser Zeit zu besprechen und zu klären. Nutzen Sie diese Zeit und erfragen Sie alles, was Sie nicht verstehen beim Notar. Inhalt der Notarkosten, die Sie zu zahlen haben, ist nicht nur die Erstellung des Entwurfs, der Urkunde und die Beurkundung, sondern auch die Beantwortung all Ihrer Fragen. Die Veränderungen, bis der Entwurf von beiden anerkannt und zur Beurkundung freigegeben wird, werden vom Notar durchgeführt.

Ein Beispiel aus meinen Erfahrungen, wie sich Altlasten auswirken können: Ein Bauherr fand sein Baugrundstück, eine Baulücke in seiner Wunschgegend, nach eingehender Besprechung mit dem Eigentümer, einem ehemaligen Unternehmer im Ruhestand. Der Kaufpreis von 130.000 Euro war für den Bauherrn realistisch für das Wunschgrundstück. Innerhalb von vier Wochen nach Besichtigung wurde das Grundstück notariell beurkundet. Die Hausplanung sollte nun beginnen und der Bauantrag gestellt werden. Das ausführende Bauunternehmen verlangte zur Erstellung der Bauantragsunterlagen mit Statik etc. ein Baugrundgutachten. Nach einer ersten Bohrung kam folgender Hinweis des Geologen: Er müsse noch weitere Untersuchungen des Erdreichs an verschiedenen Stellen vornehmen, weil er eine schwarze Masse gefunden habe, deren Analyse noch nicht feststehe. Das Ergebnis des zweiten Bodengutachtens: Die schwarze Masse befand sich komplett unter dem Erdreich, auf dem gesamten Grundstück. Nach der folgenden Analyse wurde Arsen gefunden. Ein Schock, keine Baugenehmigung – im Gegenteil, die Begehung des Grundstücks sollte sofort eingestellt werden. Alle Pflanzen und Früchte, die auf diesem Boden wachsen sind giftig. In diesem Zustand wäre nie eine Baugenehmigung erteilt worden. Die Kosten für die Dekontaminierung des Erdreichs wurden mit 60.000 Euro veranschlagt. Kein schönes Gefühl für den Bauherren. Nach Gesprächen mit dem Grundstücksverkäufer wurde klar, dass er angeblich nichts davon wusste und er keiner Rückabwicklung des Kaufs zustimmen würde. Notariell war der Zusatz ohne Altlasten beurkundet worden. Dem Bauherren blieb nur der Weg über einen Fachanwalt für Baurecht, den Versuch zu unternehmen, die Rückabwicklung des Grundstückskaufs zu erwirken. Es gelang ihm, den Nachweis zu erbringen, dass der Grundstücksverkäufer sehr wohl Kenntnis von der Kontaminierung des Erdreichs hatte. Bevor es weitere gerichtliche Schritte zur Folge hatte, entschloss sich der Grundstücksverkäufer dazu, ein Angebot zu unterbreiten. Keine Rückabwicklung, aber die schriftliche Zusage, die gesamten Kosten für die Dekontaminierung zu übernehmen. Ein langer Weg, der zum Glück am Ende noch gut ausging. Achten Sie darauf, dass diese Altlasten des Bodens bei Ihnen notariell ausgeschlossen werden.

Notarvertrag nur mit gesicherter Finanzierung unterschreiben

Die Finanzierung muss vollkommen gesichert und schriftlich zugesagt vorliegen. Es wäre unglaublich fatal, wenn Sie einen Notarvertrag zum Erwerb Ihres Grundstücks unterzeichnen, ohne eine schriftliche Zusage Ihrer Finanzierung in den Händen zu halten und die Darlehensverträge unterzeichnet zu haben. In jedem Fall müssen Sie den Grundstückspreis zzgl. Notargebühren und Grunderwerbsteuer bezahlen. Da fragt niemand, ob Ihre Finanzierung noch etwas dauert bis zur Genehmigung. Es sei denn, Sie können den Erwerb aus Eigenkapital leisten, dann ist das natürlich in Ordnung.

Ein Grundstück lässt sich in der Regel eine gewisse Zeit lang reservieren. Wenn Sie sich für ein Grundstück entschieden haben und noch Zeit zur Klärung der Finanzierung benötigen, fragen Sie nach, ob Sie das Grundstück bis zur Klärung der Finanzierung reservieren können. Normalerweise ist maximal ein Zeitraum von vier Wochen möglich. Damit Sie die Ernsthaftigkeit Ihrer Kaufabsicht unter Beweis stellen, wird oft eine Reservierungsgebühr von bis zu 500 Euro verlangt. Wenn Sie das Grundstück wirklich kaufen wollen, sollten Sie diese Gebühr zahlen. Vor allem deshalb, weil sie auf den Kaufpreis angerechnet wird. An dieser Stelle muss man die Grundstücksveräußerer verstehen, sonst würde jeder, der es nicht allzu ernst meint, reservieren und die Chance auf einen reellen Käufer würde für den Verkäufer schwinden. Er muss auch eine gewisse Form der Sicherheit haben. Denn sein Ziel ist es, sein Grundstück zu veräußern und nicht, es als Besichtigungsobjekt zur Schau zu stellen.

Grundstück zum Hausbau!

Planung und Vorbereitung

Hauskatalog im Internet anfordern

Wenn Sie sich in verschiedenen Portalen im Internet als Interessent eintragen, um Hauskataloge verschiedener Anbieter zu erhalten, sollten Sie damit rechnen, dass Sie von da an überschüttet werden mit Telefonanrufen, Briefen und E-Mails der Hausanbieter. Die Portale leiten die Anfragen natürlich an die Anbieter weiter. Aber Ihre Anfragen werden zudem noch zum Verkauf angeboten. Das bestätigen Sie in den Allgemeinen Geschäftsbedingungen (AGBs) der Portalanbieter, das ist heute vollkommen normal. Es bedeutet auch, Sie tragen sich in einem Portal als Interessent ein und anschließend werden Ihre Kontaktdaten und Informationen auf anderen Portalen vieler Hausanbieter und anderen dem Bau zugehörigen Betrieben zum Kauf angeboten. Gegen eine Gebühr können z.B. Architekten, Hausvertriebsmitarbeiter, Landschafts-Gartenbauer, Baumärkte, Dachdecker, Elektriker etc., kurz jeder der sich am Hausbau mit seiner Leistung anbieten möchte, Ihre Anfrage inklusive aller Kontaktdaten kaufen. Jeder dieser Käufer Ihrer Daten erhofft sich ein Geschäft aus Ihrem Bauvorhaben. Also wird auch jeder mit Ihnen telefonisch Kontakt aufnehmen wollen oder Ihnen schriftlich sein Leistungsangebot zukommen lassen. In der Regel wird Ihre Anfrage 30 bis 100 Mal verkauft. Nun können Sie sich vorstellen, warum es binnen der nächsten Tage und Wochen bei Ihnen zu Hause nicht nur Kataloge regnet, sondern auch Telefonanrufe und E-Mails von enormem Ausmaß. Spätestens nach drei bis vier Tagen werden Sie keine Lust mehr haben, ans Telefon zu gehen. Konkrete Aussagen erhalten Sie vom Anrufer nur, wenn Sie einen persönlichen Beratungstermin vereinbaren. Überlegen Sie sich also gut, ob Sie sich im Internet eintragen wollen und wenn ja, dann lesen Sie die AGBs bzw. die Datenschutzbestimmungen ganz genau.

Beratungsvertrag im Musterhaus unterschreiben

Eine gute Möglichkeit, sich zu informieren, bieten Besuche in Musterhäusern oder Musterhausparks. Diese Häuser eignen sich gut, z.B. um sich gewisse räumliche Dimensionen von Ihrem Haus vorstellen zu können. Wie groß sollten gemäß Ihren Vorstellungen die Räume in Ihrem Haus sein? Ideal ist, wenn Sie sich in den Musterhäusern genau nach den jeweiligen Quadratmetern der Räume erkundigen. Nehmen Sie sich einen Schreibblock mit, und notieren Sie alles, was Ihnen an Informationen gegeben wird. Ein Tag im Musterhauspark kann sehr anstrengend sein. Am Ende des Tages vergisst man sonst das Wichtigste, weil so viele Eindrücke auf einen einströmen. In jedem Musterhauspark gibt es kleinere Restaurants, dort können Sie sich zwischendurch stärken.

Ein ganz wichtiger Rat, den ich Ihnen hier geben kann, ist, dass Sie bitte auf keinen Fall ein Schriftstück unterzeichnen sollten, auch dann nicht, wenn der Hausberater Ihnen sagt, dass es sich nur um einen Beratungsvertrag handelt. Achten Sie bitte unbedingt darauf, dass Sie keinen Vertrag oder irgendetwas, z.B. einen Beratungsvertrag, unterschreiben. Die Hausverkäufer in Musterparks sind darauf geschult, schnellstens Verträge zu schließen. Kommt der Hausvertrag nicht zustande, müssen Sie eine Beratungsgebühr zahlen. Dies steht dann im sogenannten Kleingedruckten. Allerdings gibt es keinen Grund, eine Beratung zu honorieren. Diese ist mit der Bezahlung des Eintritts für Sie erledigt. Außerdem erzielt der Hausverkäufer sein Einkommen durch Provisionszahlungen der hausbauenden Firma bei Verkauf eines Hauses. Das ist auch vollkommen in Ordnung so.

Hausbauvertrag im Musterhauspark bei Erstkontakt

Schließen Sie keinen Vertrag im Musterhaus beim ersten Besuch. Die Verkäufer in den Musterhäusern sind absolut darauf geschult, so schnell wie möglich beim ersten Kontakt einen Hausbauvertrag mit Ihnen zu schließen. Auch das Argument, das sei noch nicht bindend, wird sicher fallen. Falsch: Der Vertrag ist bindend, und Sie haben kein Widerrufsrecht, wie oft angenommen wird. Ein Vertrag, den Sie im Musterhaus schließen, gilt nicht als Haustürgeschäft. Wenn Sie sich nicht absolut sicher in Ihrer Entscheidung sind und es noch nicht hundertprozentig klar ist, dass Sie dieses Haus kaufen wollen, Ihre Finanzierung gesichert ist, das Grundstück mit seiner erlaubten Bebauung feststeht und das Haus mit all seinen Ausstattungen geplant und kalkuliert ist, sollten Sie keinen Vertrag unterschreiben, denn er ist bindend.

Mich konsultierten junge Bauherren, um eine konkrete Planung ihres Neubaus mit Kalkulation, die Auswahl eines geeigneten Baupartners und eine Baubegleitung durch mich zu erhalten. Zuvor waren sie in einem Musterhauspark und hatten sich dort informieren wollen. Der Hausverkäufer hatte ihnen nach Abschluss des Gespräches einen Hausbauvertrag vorgelegt, welchen die Bauherren unterschreiben sollten. Sie hatten weder

Grundstück noch eine konkrete Auswahl für dieses Haus getroffen. Der Hausverkäufer beruhigte die Bauherren und erklärte ihnen, dass der Vertrag nur eine Formalität wäre, die sich auf die vorausgegangene Beratung bezieht und kein endgültiger Abschluss eines Hausbauvertrages darstellt. Es handelt sich lediglich um eine Bestätigung der Bauherren, dass sie bezüglich dieses Haustyps von ihm korrekt beraten worden waren. Die Bauherren waren erst skeptisch, dachten dann aber, eine Bestätigungsunterschrift wäre nicht schlimm, weil sie ja in jedem Fall noch von ihrem Rücktrittsrecht Gebrauch machen könnten. Dies stellte sich natürlich ganz anders dar, als sie mir den Vertrag zur Durchsicht vorlegten. Es war ein verbindlicher Hausbauvertrag. Den Bauherren riet ich dringend einen Fachanwalt für Baurecht aufzusuchen, um die Situation zu klären. Denn eines war ihnen klar, sie wollten auf gar keinen Fall dieses Haus haben. Nach einigem Schriftwechsel konnte der Rechtsanwalt die Aufhebung des Vertrages erreichen. Allerdings kostete es eine Menge Nerven und 3.500 Euro Gebühren. Dieses Geld hätte die Familie lieber in ihren Neubau investiert. Deshalb rate ich Ihnen, unterschreiben Sie keine Verträge im Musterhaus, wenn Sie nur einen Informationstag geplant hatten.

Hausvermittler / Hausverkäufer sollte mehrere Firmen anbieten

Bei der Auswahl ihres Baupartners ist es sinnvoll, darauf zu achten, dass der Hausverkäufer Ihnen mehrere Möglichkeiten der Bauausführung anbieten kann. Auch mehrere Angebote von verschiedenen ausführenden Baufirmen wären willkommen. Allerdings werden Sie das eher selten antreffen. In den meisten Fällen wird nur eine Hausbaufirma angeboten. Damit können die Hausverkäufer bzw. Hausvermittler natürlich auch nicht das beste Angebot für Sie erreichen, sondern nur das für von ihnen selbst angebotene Unternehmen bestmöglich vertreten.

Grundstück und Neubau von einem Anbieter erwerben

Wenn Sie sich auf die Suche nach einem Grundstück begeben und fündig werden, ist erst einmal die Freude groß. Nun fehlt nur noch der passende Partner für die Erstellung Ihres Neubaus. Normalerweise zahlt man Grunderwerbsteuer von dem erworbenen Grundstück. Diese ist nach notarieller Beurkundung in relativ kurzem Zeitraum danach fällig. Sie werden schriftlich darüber informiert und erhalten die Aufforderung zur Überweisung der Grunderwerbsteuer.

Häufig kommt es vor, dass Grundstücksangebote in Verbindung mit Neubauvorhaben angeboten werden. Dafür gibt es mehrere Gründe. Die Grundstücke stehen über einen Maklerauftrag zum Verkauf, und der hat Verbindungen zu dem bauausführenden Unternehmen. Entweder ist dies eine eigenständige Firma, der der Immobilienmakler ebenfalls angehört oder er erhält zusätzliche Provisionszahlungen, wenn er das Grundstück exklusiv nur mit dem angebotenen Bauunternehmen für den Neubau anbietet. In den städtischen Regionen wird das Grundstücksangebot immer geringer. Das hat zur Folge, dass sich die Hausbau-Unternehmen immer mehr abzusichern versuchen, damit ihnen niemand das gefundene Grundstück wegschnappt.

Jetzt kommt der Punkt, den Sie als Käufer beachten müssen. Dass die Grunderwerbsteuer vom Grundstückserwerb berechnet und zu bezahlen ist, hatte ich bereits erwähnt. Das allerdings ändert sich, sobald das Grundstück zusammen mit dem Neubau angeboten wurde. Die Finanzbehörden schreiben vor, dass es keine Verbindung zwischen Grundstück und dem Neubauangebot geben darf. Ist das der Fall, wird die Grunderwerbsteuer vom Gesamtkaufpreis, also Grundstück inkl. Haus, fällig. Das ist ein erheblicher Unterschied. Früher war es für die Finanzbehörden deutlich problematischer, solchen Angeboten auf die Spur zu kommen. Heute, im Zuge der Internetangebote, ist dies überhaupt kein Problem mehr. Auch wenn die Aussagen der Hausverkäufer oft anders sind, es stimmt nicht. Das Finanzamt findet jedes Inserat im Internet. Sobald ein Zusammenhang auch nur vermutet wird, werden Sie aufgefordert, dem Finanzamt Ihren Hausvertrag vorzulegen. Den Zusammenhang hat man bereits vorher ermittelt, denn genauso wie Sie ein Exposé im Internet laden und ausdrucken können, können das die Finanzbehörden auch. Noch bevor Sie es ahnen, haben Sie Post und die Nachforderung der Grunderwerbsteuer liegt vor.

Planer sollten unabhängig sein

Leisten Sie sich Ihren eigenen Planer oder Planerin. Mit einer fertigen Planung, welche die von Ihnen gewünschte Ausführung und die erforderlichen Standards beinhaltet, verhandelt es sich besser. Es zahlt sich immer aus.

Unabhängige Planer arbeiten nicht nur für ein Unternehmen, sondern für die Bauherren direkt. Sie erhalten von ihnen eine fertige Planung, mit der Sie sich ein Angebot von den Hausanbietern Ihrer Wahl einholen können. Planungen sind heute mit recht überschaubaren Investitionen zu erhalten. Kein Vergleich zu den Kosten einer Planung durch einen Architekten. Die fertige Planung erlaubt Ihnen eine sehr gute Verhandlungsposition bei den in Frage kommenden Hausbaufirmen. Auch ich übernehme für meine Kunden das Einholen der Angebote und die Verhandlungen bezüglich der Preis- und Leistungsanforderungen sowie die Begleitung während der Bauphase.

Auswahl des Bauunternehmens – Wer baut wie?

Wer sich für ein Eigenheim als Neubau entschieden hat, muss einige Entscheidungen im Vorfeld treffen. Die Auswahl und Vielfalt der verschiedenen Ausführungen von Neubauten ist schon eine kleine Herausforderung für jeden bauwilligen Interessenten. Zu den möglichen Varianten zählen unter anderem z.B. Fertighäuser, Massivhäuser, Ausbauhäuser, Bausatzhäuser oder Selbstbauhäuser. Die richtige Wahl zu treffen ist nicht einfach, aber entscheidend für Ihr späteres Wohlfühlen im neuen eigenen Zuhause. Nicht jeder Anbieter zum Hausbau oder jedes Haus wird nach dem gleichen Prinzip oder der gleichen Bauweise gebaut. Informieren Sie sich über die Ausführung der verschiedenen Hausvarianten. Wer baut wie Ihr Haus? Die Entscheidung für ein zu Ihnen passendes Haus wird Ihnen danach leichter fallen.

Welcher Typ Haus passt zum Bauherrn?

Ein Fertighaus, Ausbauhaus, Bausatzhaus, Teil-Massivhaus oder Massivhaus Stein auf Stein: Es sind entscheidend wichtige Fragen, die vor dem Kauf des Hauses geklärt werden müssen. Wollen Sie eventuell mit Keller bauen? Wenn Sie ein Fertighaus mit Holzständerbauweise bauen wollen, werden die Keller in der Regel entweder gar nicht mit angeboten oder fremd eingekauft. Eventuell müssen Sie selbst für den Kauf und die korrekte Erstellung des Kellers sorgen. Es gibt etliche unterschiedliche Vor- und Nachteile der verschiedenen Bauweisen. Gründe für eine Fertigbauweise können z.B. die geringe Bauzeit sein. Das bedeutet aber nicht, dass es ein Fertighaus als Holzständerbauweise sein muss. Es gibt heute sehr gute massive Bauweisen, z.B. „Liapor", mit der Ihr Haus in kürzester Zeit erstellt wird. Ökologische Bauweisen, Raumklima oder spätere Veränderungen der Raumaufteilungen und An- oder Ausbau Ihres Hauses sind wichtige Kriterien bei der Auswahl der richtigen Bauweise, die zu Ihren Wünschen passt. Welche Ausführung für Sie am Ende die richtige ist, entscheiden Sie selbst nach eingehender Beratung.

Ausführung: Das Massivhaus ist im Erdgeschoss aus Stein

Auch hier gilt vor Abschluss eines Vertrages mit der hausbauausführenden Firma: Schauen Sie sich deren Leistungsbeschreibung in Ruhe an. Die Ausführungen müssen mit dem Anbieter, der zum Hausbau ausgewählt wird, genau besprochen sein. Verschiedene Firmen bauen nur im Erdgeschoss Stein auf Stein. Ab der Erdgeschossdecke werden das Dachgeschoss, die Innenwände sowie die Giebelwände in Holzständerbauweise ausgeführt. Andere Hausanbieter mauern die Giebelwände und das restliche Dachgeschoss wird in Holzständerbauweise ausgeführt. Ist es das, was Sie wollen?

Diese Ausführung erkennen Sie nicht von außen. Diese Art der Dachgeschossausführung bedeutet für den Hausanbieter z.B. eine kostengünstige Bauausführung. Aufschluss hierüber gibt die jeweilige Bauleistungsbeschreibung des Anbieters. Lassen Sie sich diese aushändigen und erklären. Selbstverständlich können Sie die unterschiedlichen Bauleistungsbeschreibungen der einzelnen Hausanbieter auch selbst vergleichen.

Dies ist allerdings nicht so einfach. Unterschiede im Detail lassen sich oftmals nur mit entsprechender Fachkenntnis aus der textlichen Beschreibung eindeutig erkennen. Auch hier habe ich einen Tipp für Sie: Gehen Sie in einen Musterhauspark und besichtigen Sie verschiedene Musterhäuser. Fragen Sie den Berater der Hausanbieter in den Musterhäusern nach der Ausführung im Dachgeschoss und was die Ausführung des Dachgeschosses komplett massiv gemauert inklusive der gemauerten Giebelwände kosten würde, wenn dieser Anbieter das normal nicht so ausführen würde.

Beim Hauskauf über die diversen Dachausführungen sprechen

Es gibt verschiedene Arten der Dachausführung, z.B. ein Pfetten- oder Studiobinderdach. Die beiden Varianten unterscheiden sich in ihrer Konstruktion und haben gravierend unterschiedliche nutzbare Wohnflächen. Das Studiobinderdach erlaubt nur einen sehr geringen Teil des Dachbodens als nutzbaren Bereich. Deshalb ist es unbedingt erforderlich, sich vor Ihrem Hauskauf über die gewollte Dachausführung klar zu sein. Wenn Sie später einen Spitzbodenausbau planen, sollten Sie immer auf ein Pfettendach bestehen. Dieser Punkt ist wichtig. Nicht alle Hausbaufirmen bieten alle Varianten an. Viele Firmen führen Ihr Dach im Standard als Studiobinderdach aus. Das Studiobinderdach erlaubt später durch sein zu geringes nutzbares Platzangebot keinen Ausbau des Spitzbodens. Also sollte die Entscheidung für ein Pfettendach fallen. Auch haben die verschiedenen Dachformen, wie z.B. Satteldach, Walm- oder Krüppelwalmdach, Zeltdach oder Pultdach, Auswirkungen auf den zur Verfügung stehenden „Reservewohnraum". Der Grad der Dachneigung wirkt sich ebenfalls sehr gravierend auf die nutzbaren Flächen aus. Es lohnt sich immer, vor Beginn des Baus all diese Gedanken durchzuspielen; was wäre wenn wir z.B. noch einen zusätzlichen Wohnraum als

Büro, zusätzliches Kinder- oder Jugendzimmer oder anderen unvorhergesehenen Platzbedarf haben? Wenn Sie in Gedanken diese Szenarien durchspielen, werden Sie die richtige, für Sie passende Entscheidung treffen. Die finanziellen Unterschiede der beiden Ausführungen sind nicht so groß.

Der Keller wird gemauert

Der Wunsch, einen Keller zu bauen, ist im Verhältnis zu dem Bau auf Bodenplatte eine große finanzielle Investition. Wichtig ist für Sie, hier nicht am falschen Ende zu sparen. Eine Ausführung als rein gemauerten Keller ist nur in den seltensten Fällen noch zu empfehlen. Sollte sich irgendwann einmal der Grundwasserspiegel – selbst im trockensten Boden – verändern, können Ihnen Probleme drohen. Wasser sucht sich immer seinen Weg und ein gemauerter Keller stellt kein Hindernis dar. Wenn Sie auf Nummer sicher gehen möchten, lassen Sie sich einen Keller aus WU-Beton (wasserundurchlässiger Beton) bauen. Sicher ist diese Variante etwas teurer, aber langfristig, über die Dauer der Finanzierung und Lebensdauer eines Hauses, immer lohnend.

Unter anderem ist es noch wichtig für Sie, im Vorfeld zu entscheiden, zu welchem Zweck Sie den Keller nutzen wollen. Dient der Keller rein zum Abstellen von Haushaltsgegenständen, Fahrrädern oder den Gartenmöbeln im Winter, dann brauchen Sie Ihren Keller nicht heizen. Eine zusätzliche Dämmung unter der Bodenplatte und die Heiztechnik im Keller reichen hier vollkommen aus. Bei Grundstücken mit Hanglage ist die Ausführung mit Keller empfehlenswert. Das Aufschütten von Grundstücksbereichen und Abstützen des

Hanges ist allerdings recht kostenintensiv. Vielleicht können Sie einen Teil des Kellers als Tiefgarage nutzen und den Rest für Abstellräume und Heiztechnik. Auch hier brauchen Sie keinen beheizten Keller. In dem Moment, wo ein Keller beheizt wird, muss er in die Berechnung des Wärmebedarfs/Energieeffizienzwert mit einfließen. Das bedeutet Mehrkosten für die Dämmung der Kelleraußenwände. Wenn Sie einen Keller zu Wohnzwecken bauen wollen, muss dieser in jedem Fall beheizt sein und die Außenwände müssen gedämmt werden. Diese Fragen müssen Sie sich stellen, bevor Sie Ihre Entscheidung über die Ausführung des Kellers treffen. Lassen Sie sich beraten.

Haus auf Bodenplatte

Es ist unbedingt erforderlich und besonders wichtig, die Vertragsbedingungen des Hausbauvertrages und das Bauleistungsverzeichnis vor der Unterschrift zu prüfen. Es gibt durchaus Anbieter, die Häuser ohne Bodenplatte anbieten. Damit ist die Bodenplatte nicht im Preis enthalten, und Sie müssen diese von einem anderen Anbieter separat in Auftrag geben und ausführen lassen. Zum Haus-Preis kommen dann natürlich auch die Mehrkosten für die Erstellung der Bodenplatte und die Ausführung der Erdarbeiten auf Sie zu. Aus Gewährleistungsgründen ist es ebenfalls sehr umstritten und führt bei Mängeln immer wieder zu erheblichen Problemen und Streitigkeiten mit der Gewährleistung. Einer sagt in diesem Fall, das kommt von der Bodenplatte und der Andere sagt, es kommt vom Haus. Die hausbauenden Unternehmen werden Ihnen Angebote oder Empfehlungen für Unternehmen für die Bodenplatte aussprechen und ihre Anforderungen mitteilen. Neben den Erdarbeiten, die in diesem Fall auch von Ihnen zu erbringen sind, müssen Sie sich auch um die Koordination der Bodenplattenausführung die und Beauftragung kümmern. Es ist also nicht zu empfehlen, einen Hausbauvertrag ohne Bodenplatte abzuschließen.

Doppelhaushälfte mit durchgehender Bodenplatte

Wenn Sie eine Doppelhaushälfte bauen lassen wollen, fragen Sie nach, ob jede Doppelhaushälfte eine eigene Bodenplatte hat. Sie wollen sicher nicht gerne die Bewegungen und Geräusche Ihrer Nachbarn hören, oder? Aber nicht nur die Bodenplatte ist hierfür entscheidend, sondern noch andere Faktoren. Lassen Sie sich erklären, wie die Trennwände zwischen den beiden Haushälften ausgeführt werden. Eine durchgehende Bodenplatte für beide Doppelhaushälften ist eine Kostenfrage. Für das bauausführende Unternehmen entstehen Mehrkosten, wenn die Bodenplatten getrennt ausgeführt werden. Außerdem besteht die Möglichkeit, durch unterschiedliche Ausführungen der Trennwände bzw. der Trennwandzwischenräume Einsparungen zu erreichen. Hier sind wir wieder bei der Bauleistungsbeschreibung. In dieser sollte festgelegt sein, wie die Bodenplatte Ihrer Doppelhaushälfte ausgeführt wird und wie die Trennwände zwischen den beiden Doppelhaushälften. Wenn Sie z.B. eine TÜV-Begleitung für Ihr Bauvorhaben einplanen, können Sie auch hier gerne fragen, was die einzelnen Positionen in der Bauleistungsbeschreibung genau bedeuten und beinhalten. Hier werden Sie mit Sicherheit fachmännischen, neutralen Rat erhalten.

Mehrspartenhauseinführungs-System

In der Regel müssen die Bauherren für die Hausanschlüsse der Energieversorgung ein Mehrspartenhauseinführungs-System besorgen, bevor die Bodenplatte gegossen wird. Achtung: Hier gibt es bestimmte Normen, die eingehalten werden müssen. Schauen Sie auf die Internetseite Ihrer Energieversorger. Dort gibt es sogenannte Bauherrenmappen zum Download. Diese Mappen enthalten alle wichtigen Informationen und Anträge für Bauherren. Auch die Vorgehensweise für den Anschluss Ihres Hauses an die Energieversorgung wird dort beschrieben. Es ist nie ein Fehler, diese Beschreibung der Vorschriften, wie das Mehrspartenhauseinführungs-System eingebaut werden soll, Ihrem Baupartner zur Verfügung zu stellen. Achten Sie beim Kauf der Mehrspartenhauseinführung genau darauf, dass Sie nur den erlaubten Typ kaufen. Einer meiner Bauherren hatte sich über die verschiedenen Mehrspartenhauseinführungs-Systeme beim Baustoffhandel informiert und sich für den Kauf eines runden, etwas teureren Mehrspartens des gleichen Herstellers entschieden. Als der Zeitpunkt gekommen war, dass das Tiefbauunternehmen für die Herstellung der Anschlüsse der Energieversorger beauftragt wurde, stellten diese sofort ihre Arbeit wieder ein, weil die

Durchmesser der einzelnen Einführungen nicht den vorgeschriebenen entsprachen. Die Folge: Das Erdreich musste unter dem Fundament des Neubaus an dieser Stelle geöffnet werden, damit die Durchführung der Anschlüsse erbracht werden konnte. Zudem mussten mit dem Energieversorger Verhandlungen geführt werden, damit diese Arbeiten überhaupt genehmigt wurden. Für den Bauherrn bedeutete dies einen zeitlichen Verzug von einer Woche und einen finanziellen Mehraufwand von 800 Euro. Aus diesem Grund sollten Sie sich immer, wenn eine Mehrspartenhauseinführung gefordert wird, die genauen Vorgaben vom Energieversorger mitteilen lassen und das entsprechende System verwenden. Informieren Sie auch das Unternehmen, welches Ihr Haus bauen wird, darüber.

Das Haus wird geliefert

Wenn Sie sich für einen Anbieter entscheiden, der Ihr Haus teilweise in Paketen oder ganz zum Selbstbau anliefert, achten Sie darauf, wie und bis wohin angeliefert wird.

Ihr Haus wird also geliefert. Richtig, und zwar bis auf den Bürgersteig. Ab Bürgersteigkante müssen Sie sehen, wie Sie die Materialien auf das Grundstück transportieren. Und zwar dort, wo sie gebraucht werden, ohne den Platz für das eigentliche Bauvorhaben zu behindern. Glauben Sie mir, das ist nicht gerade wenig Material. Also müssen Sie sich vorbereiten, für geeignete Transportmittel sorgen und sich um Arbeitskräfte kümmern. Sie allein werden das kaum bewältigen können oder nur mit einem erheblichen Zeitaufwand. Am Straßenrand können Sie die Materialien jedenfalls auf keinen Fall liegen lassen. Zum einen ist es nicht erlaubt, weil es eine Gefahr darstellt, und zum anderen ist es fraglich, ob am nächsten Morgen noch alles da sein wird. Baumaterial findet gerne neue Besitzer.

Von der Arbeit und dem Risiko abgesehen, ist es eine kräftezehrende und kostenaufwendige Art zu bauen. Gewährleistung erhalten Sie nur auf die gelieferte Ware. Wenn Sie den Aufbau in Eigenleistung erstellen, kann keine Gewährleistung für die Ausführung übernommen werden. Diese Art, Ihr Haus zu bauen, sollten Sie sich sehr gut überlegen. Wenn es eine Entscheidung aus rein kostentechnischen Gründen ist, macht es bestimmt Sinn, noch ein wenig zu warten und Eigenkapital anzusparen.

Auswahl des Bauunternehmens

Auswahl des Bauunternehmens

Kriterien und Mindestanforderungen

Grundlegend sollte der Vertragspartner zum Bau Ihres Hauses gewisse Kriterien und Mindestanforderungen erfüllen. Das Kapitel zur Auswahl des richtigen Bauunternehmens ist das längste in diesem Buch. Häufig wird gerade diese Phase von Bauherren unterschätzt. Nun sind Sie schon so weit gekommen mit Ihrem Projekt „Hausbau", dass Sie nun endlich auch beginnen wollen. Das wissen Ihre zur Auswahl stehenden, zukünftigen Vertragspartner auch. Aber es hilft nichts, nehmen Sie sich auch hier wieder Zeit, um Punkt für Punkt die notwendigen Themen anzusprechen und Ihre Liste abzuarbeiten. Nehmen Sie dieses Buch als Ihren Begleiter mit, machen Sie sich Notizen am Rand, und machen Sie erst dann einen Haken an jeden Punkt, wenn er mit einem positiven Ergebnis belegt werden kann und Sie viele Gespräche geführt und viele verschiedene, manchmal auch gleiche, Aussagen erhalten haben. Wichtig ist, dass der Vertragspartner, den Sie zum Schluss auswählen, Ihren Anforderungen entspricht.

Creditreform-Auskunft darf nicht fehlen

Vor jedem Vertragsabschluss mit einem Bauunternehmen sollten Sie selbst oder mit Hilfe Ihres Finanzberaters eine Creditreform-Auskunft des Unternehmens einholen. Diese gibt Aufschluss über die Finanzlage, die Größe, die Gründung, die Handelsregistereintragungen und eventuelle Veränderungen in der Geschäftsführung, der Gesellschaftsform etc. Ihres gewählten Bauunternehmens. Mit Sicherheit kann man nie alles bis ins kleinste Detail absichern, aber eine grundlegende Prüfung im Rahmen der Möglichkeiten sollten Sie dringend durchführen. Wenn dort z.B. innerhalb kurzer Abstände immer wieder Veränderungen in der Geschäftsführung eingetragen sind, macht es Sinn, dies zu hinterfragen. Besonders wenn es sich um Unternehmen handelt, die noch nicht lange am Markt sind. Auch eine Recherche im Internet gibt oft Aufschluss über eventuelle Hintergründe. Im Internet können Sie z.B. unter den Links www.unternehmensregister.de oder www.handelsregister-online.net Eintragungen der Unternehmen und eventuelle Veränderungen der Geschäftsführung oder des Firmensitzes erfahren und einen kurzen Überblick der Eintragungen des Unternehmens erhalten. Z.B. können Sie unter www.unternehmen24.info, die Internetseite eines österreichischen Betreibers, unter der Rubrik „Details" auch Eintragungen von Bauherren oder Handwerkern lesen, die von ihren Eindrücken und Erfahrungen berichten – eine wichtige Informationsquelle für Sie.

Ich habe mir selbst dort eine Auskunft eines seit einem Jahr auf dem Markt befindlichen Bauunternehmens eingeholt. Dort war unter den Details eine Eintragung zu sehen, in der vor „Baubetrüger Nr. 1" gewarnt wurde.

Auch den Namen des oder der Geschäftsführer über Google nach Eintragungen zu durchsuchen, ist hilfreich. Sollten Sie Einträge finden, die z.B. andere Bauherren mit dem Namen der Bauunternehmen oder der Geschäftsführer gemacht haben, nehmen Sie Kontakt mit den Personen auf und erkundigen Sie sich, was Grund und Veranlassung für die negative Eintragung war. Wenn Sie nur ein bis zwei Einträge mit negativen Bewertungen finden, dafür aber deutlich mehr positive, dann ist das nicht gleich ein Ausschluss für das von Ihnen gewählte Unternehmen. Finden Sie allerdings mehrere negative Einträge und wenig positive, dann sollten Sie von diesem Unternehmen Abstand nehmen. Information kann jedenfalls nie schaden, und nach diesem Motto sollten Sie vorgehen.

Kommunikationsschnittstelle darf nicht fehlen

Sie brauchen einen persönlichen Betreuer, der die Kommunikation zwischen Ihnen und der Bauunternehmung gewährleistet und auf Ihrer Seite steht.

Erfahrungsgemäß steht der Hausverkäufer im Zweifelsfall nicht nur auf Ihrer Seite. Das Vertragsverhältnis, aus dem sein Einkommen also die Provisionen generiert werden, besteht mit ihm und der ausführenden Baufirma. Was nicht heißt, dass der Verkäufer gegen Sie ist. Wenn ein Verkäufer für mehrere verschiedene Bauunternehmen tätig ist, steht er nicht in direktem Abhängigkeitsverhältnis. Seine berufliche Existenz gründet dann auf mehreren verschiedenen Provisionsquellen. Das bedeutet, dass er objektiver mit den Anforderungen, an die von ihm ausgewählten Partner herangeht. Sollte ein Unternehmen Ausführungen nicht nach seinem Qualitätsanspruch ausführen, wird er problemlos seine zukünftigen Bauvorhaben an andere Partner, die besser sind, vermitteln können. Das erlaubt ihm einen kritischeren Blick, als würde er seine Einnahmen ausschließlich über einen Partner generieren. Ein neutraler Partner bzw. freier Neubauvermittler an Ihrer Seite beobachtet die Geschehnisse aus neutralem Blickwinkel und kann objektiver vermitteln oder gebenenfalls konkret werden, wenn er den Eindruck gewinnt, es nimmt einen negativen Verlauf. Prüfen Sie also ganz bewusst, für wen und wie viele Anbieter Ihr Berater tätig ist. Ein Blick hinter die Kulissen kann ohnehin nie schaden.

Kein Zeitdruck durch Aktionsangebote

Auf Ihrem Weg zum passenden Haus und Hausbau-Partner wird Ihnen immer wieder die Situation begegnen, dass man Ihnen Aktionsrabatte anbietet. Natürlich sind diese besonderen „Schnäppchen" oder „Sonderrabatte" an Fristen gebunden. Entscheiden Sie sich bis zum Tag X, bekommen Sie folgende Leistung dazu oder einen um Summe Y vergünstigten Kaufpreis. Lassen Sie Ihre Entscheidung nicht ausschließlich von solchen Angeboten leiten. Diesem Zeitdruck sollten Sie nicht folgen. Häuser gibt es auch später noch und so günstig, wie die Ersparnis aus der Nutzung des Aktionsangebotes auch ist, so günstig kann ein Fehler, den Sie durch zu schnelles Handeln unter Zeitdruck verursachen, nie sein.

Geschäftsleitung von Bauunternehmen muss bekannt sein

Gönnen Sie sich vor Vertragsabschluss einen persönlichen Termin mit der Geschäftsleitung oder den Verantwortlichen Ihres Bauunternehmens. Sie brauchen einen Eindruck und ein Gesicht zu Ihren zukünftigen Partnern. An wen wenden Sie sich, wenn es Fragen gibt? Wer ist wann und für was für Sie als Bauherren zuständig? Diese Informationen sind vor Abschluss des Hausbauvertrages wichtig. Auch kann ein persönlicher Eindruck noch entscheidend dazu beitragen, Ihre eventuell schon getroffene Entscheidung zu beeinflussen. Das heißt nicht, es wird unbedingt eine negative Beeinflussung sein, im Gegenteil, eventuell sind Sie nach diesem Termin restlos überzeugt, dass dies der richtige Partner für die Erstellung Ihres Hauses ist.

Virtuelle Eindrücke von der Internetseite eines Unternehmens spiegeln noch lange nicht die Realitäten wider. Es kann sein, dass Sie von der Internetseite völlig begeistert sind, weil Sie den Eindruck vermittelt, dass es sich hier um ein großes seriöses Unternehmen handelt. Wenn Sie aber dann persönlich vor Ort sind, stellen Sie fest, dass der entstandene Eindruck absolut nicht mit den wahren Begebenheiten konform geht. Genauso kann es aber auch umgekehrt der

Fall sein. Deshalb: Überzeugen Sie sich vor Ort, und vertrauen Sie auf das, was Sie sehen und was die Gespräche ergeben. Machen Sie sich eine Liste mit Fragen, die Sie an diesem Termin besprechen möchten.

Bauunternehmen und Referenzobjekte

Das Bauunternehmen, wenn es nicht gerade vor fünf Monaten gegründet wurde, sollte Ihnen Referenzobjekte nennen, die Sie sich anschauen können. Natürlich ist es in Ordnung, wenn man Sie erst bei den Eigentümern anmelden wird, denn schließlich handelt es sich um ein Privathaus. Achten Sie darauf, dass Sie einen Termin allein, ohne Begleitung durch den Hausverkäufer oder sonstigen Mitarbeiter der Hausbaufirma wahrnehmen können. Besichtigen Sie in jedem Fall mehrere Objekte, die zeitlich unterschiedlich fertiggestellt werden sollen bzw. gestellt worden sind. Z.B. eine Besichtigung eines Hauses im Rohbau, eine Besichtigung mit dem Bautenstand Innenausbau und ein Haus, was schon einige Zeit bewohnt wurde, wobei ein Zeitraum von ein bis sechs Jahren zu empfehlen wäre.

Wenn Sie Häuser, die noch im Bau sind, besichtigen, ist es normal, dass Sie von einem Mitarbeiter der bauausführenden Firma begleitet werden. Schon aus Haftungsgründen ist normalerweise das Betreten von Baustellen auf eigene Gefahr oder ganz verboten. Außerdem können Sie in Begleitung eines Mitarbeiters der bauausführenden Firma auch Fragen zum Bautenstand, den Materialien und der Ausführung stellen. Wenn Sie ein Haus mit einem Keller bauen wollen, sollten Sie auch, wenn es möglich ist, ein Haus besichtigen, welches sich im Bautenstand Rohbau mit Keller befindet. Diese Besichtigungen geben Ihnen aufschlussreiche Einblicke in die Arbeitsweise, den Zustand der Baustelle – auch in Bezug auf Bauschutt und die Bauausführung.

Grundstücksbesichtigung durch das Bauunternehmen

In jedem Fall sollte vor Abschluss des Vertrages eine Besichtigung Ihres Baugrundstücks stattfinden. Achten Sie darauf, dass diese Besichtigung durch einen qualifizierten Mitarbeiter der ausführenden Hausbau-Unternehmung stattfindet. Gewisse Voraussetzungen müssen gewährleistet sein, z.B. die Erreichbarkeit der Baustelle durch bestimmte Baufahrzeuge mit schwerer Last oder einem Baukran. Ist dies nicht der Fall, entstehen den Bauherren unter Umständen erhebliche Mehrkosten für den Transport von Baumaterial. Oder die Ausführung der geplanten Bauweise kann nicht erfolgen. Wenn Sie z.B. eine Bauweise mit Fertigteilen vereinbart haben, die Fahrzeuge aber nicht die Baustelle anfahren können, ist die Ausführung so nicht möglich. Bauen Sie in einer Baulücke oder einem Neubaugebiet, in dem bereits die Straßen mit Randsteinen fertig gestellt sind, kann es erforderlich sein, gewisse Sicherungsmaßnahmen durchzuführen, damit die Straßenrandsteine nicht durch die Fahrzeuge mit schwerer Last beschädigt werden. Das sind alles Risiken, die Sie als Bauherr finanziell zu verantworten und zu tragen haben. Deshalb ist es absolut erforderlich, dass sich das ausführende Unternehmen vor Ort die Begebenheiten ansieht und Sie auf die entsprechenden

Kosten aufmerksam macht. Im schlimmsten Fall kommen finanzielle Mehrleistungen auf Sie zu. Ein Angebot darüber kann Ihnen dann von dem ausführenden Unternehmen unterbreitet werden. In der Regel bestehen verantwortungsvolle Unternehmen auf eine Besichtigung Ihres Grundstücks vorab. Sollte es das nicht tun, müssen Sie unbedingt sehr skeptisch sein, ob dieses Unternehmen auch wirklich seriös ist.

Bauunternehmen sollte eigene Handwerker haben

Ein weiterer Punkt, der Ihre Aufmerksamkeit erregen sollte, ist, wenn ein Bauunternehmen bzw. Ihr Vertragspartner alle Arbeiten, die zum Bau Ihres Hauses erforderlich sind, an andere Bauunternehmer vergibt. Dies ist dann im Werkvertrag geregelt. Im Werkvertrag steht, dass Sie als Bauherr damit einverstanden sind, dass Ihr Vertragspartner teilweise oder ganze Gewerke an Dritte vergeben kann. Im Klartext bedeutet das, dass Sie eigentlich einen Vertrag mit einem Vertriebsunternehmen geschlossen haben. Dort wird Ihr Bauvorhaben nur buchhalterisch verwaltet und im besten Fall stellt dieses Unternehmen noch den Bauleiter. Intern sucht Ihr Vertragspartner dann aber Subunternehmer, die für ihn die günstigsten Konditionen anbieten. Sprechen Sie diese Thematik an und lassen Sie sich Referenzobjekte zeigen und sprechen Sie mit den dort wohnenden Bauherren über ihre Erfahrungen und Zufriedenheit während der Bauzeit.

Oftmals wird das komplette Bauvorhaben Ihres Hauses an ein anderes Generalunternehmen als Auftrag vergeben. Dieses Unternehmen ist für die komplette Erstellung Ihres Hauses oder Rohbaus verantwortlich und beschäftigt seine eigenen Handwerker. Das ist häufig der Fall, aber Sie sollten das auch explizit wissen. Fragen Sie Ihren zukünftigen Vertragspartner genau nach der Vorgehensweise.

Etwas anders stellt sich die Situation dar, wenn Sie mit einem Baudienstleister einen Vertrag schließen. Hier werden alle Gewerke des Bauvorhabens ausgeschrieben und Ihnen die Ergebnisse vorgelegt. Sie entscheiden dann, welches der angebotenen Unternehmen Sie auswählen. Sie zahlen alle Leistungen direkt an das jeweilige bauausführende Unternehmen. Der Baudienstleister erhält für seine Ausschreibungsleistungen und Betreuung ein festes Honorar.

Das Bauunternehmen und sein Bauleiter

Fragen Sie auch bei den Unternehmen Ihrer Wahl, wie viele Bauleiter im Unternehmen beschäftigt sind und ob der Bauleiter von Ihrem Vertragspartner kommt oder extern beauftragt wird. Wenn ein Bauunternehmen nur einen Bauleiter hat, lassen Sie sich schriftlich geben, wie viele Bauvorhaben Ihr namentlich im Vertrag benannter Bauleiter maximal gleichzeitig zu betreuen hat. Im Mittelpunkt Ihres Interesses sollte auch stehen, was mit Ihrem Hausbau passiert, wenn der Bauleiter drei bis vier Wochen krank ist und seine Tätigkeit für diesen Zeitraum nicht ausführen kann. Wer ist dann verantwortlich bzw. wie geht man mit dieser Situation um? Das sollte auch in Ihrem Hausbauvertrag klar geregelt sein. Man will zwar niemandem etwas unterstellen, aber krank werden kann jeder, und Sie müssen dennoch ein fertiggestelltes Haus zum vereinbarten Termin erhalten. Diese Leistung kaufen Sie schließlich mit Ihrem Werkvertrag ein. Deshalb ist es wichtig, einen solchen Fall im Vorfeld zu klären, damit ein kontrollierter und reibungsloser Ablauf für Sie gewährleistet ist.

Bauleiter-Qualifikation

Für die korrekte Ausführung Ihres Bauvorhabens brauchen Sie einen qualifizierten Bauleiter. Dieser sollte über die entsprechenden Kenntnisse und Qualifikationen verfügen. Es reicht selbstverständlich nicht aus, beim Bau einiger Häuser zugesehen oder mitgearbeitet zu haben. Zur fachmännischen Abnahme der einzelnen Bauabschnitte und Gewerke ist es unbedingt erforderlich, diese auch qualifiziert prüfen bzw. abnehmen zu können. Scheuen Sie sich nicht, einen Nachweis der Qualifikation Ihres Bauleiters zu verlangen. Wenn Sie einen Job annehmen, erwartet man diesen Nachweis schließlich auch von Ihnen.

Ihr Bauleiter sollte eine Ausbildung als Bauleiter haben oder z.B. ein Ingenieur im Hochbau sein. Oft wird an dieser Stelle von Bauunternehmen nicht so großen Wert auf die entsprechende Ausbildung gelegt. Eine Qualifizierung als Maurermeister ist sicher gut, aber für Sie als Bauherr ist es auch wichtig, einen Bauleiter zu bekommen, der nicht nur die bauseitige Ausführung kontrollieren, sondern auch die Umgangs- und Kommunikationsformen der heutigen Zeit beherrscht.

Vergabe durch Architekt

Architekten rechnen nach der sogenannten HOAI, der Honorarordnung für Architekten und Ingenieure ab. Das ist sozusagen so ähnlich wie der Rechtsanwalt nach BRAGO der Bundesgebührenordnung für Rechtsanwälte abrechnet. Wenn der Architekt Ihr Haus plant und kalkuliert, nennt er Ihnen einen Erstellungspreis. Dies ist allerdings kein Festpreis. Ohne Absprache mit Ihnen und ohne erforderlichen Nachweis, kann und darf ein Architekt Ihnen mitteilen, dass sich die Baukosten für Ihr Haus um bis zu 30 Prozent erhöht haben. Daran können sie nichts ändern und müssen es akzeptieren. Rechtlich ist das vollkommen in Ordnung. Des Weiteren kann er gegen Nachweis bis zu 50 Prozent die Kosten über dem ursprünglich genannten Hauspreis berechnen. Deshalb ist es in der Regel, wenn Sie nicht gerade ein vollkommen exotisches Bauvorhaben wünschen, nicht erforderlich, Ihr Haus mit und durch einen Architekten planen und den Bau ausführen zu lassen.

Bei der Hausbaufirma kaufen Sie die Architektenleistung deutlich günstiger ein. Denn diese haben immer selbst Architekten, mit denen sie zusammenarbeiten. Meistens sind das freie Architekten, die gegen ein festes Honorar den Bauantrag mit allen erforderlichen Unterlagen fertigen. Die Honorare, die von den hausbauenden Unternehmen mit dem Architekten ausgehandelt werden, sind fix und sehr gering. Das Architektenhonorar ist dann in Ihrem Hauspreis, den der Partner Ihrer Wahl als Festpreis garantiert, enthalten. Bei der Beauftragung eines Baudienstleisters rechnen Sie direkt mit dem Architekten ab. Das Honorar wird vom Baudienstleister verhandelt und ist deshalb absolut zu empfehlen. Wenn Sie für die Beantragung der Baugenehmigung eine spezielle Entwässerungs- oder Versickerungsplanung benötigen, sind das meistens Kosten, die Sie zusätzlich bezahlen müssen. Fragen Sie beim zuständigen Bauamt vorher nach, ob für die Erteilung einer Baugenehmigung spezielle Vorgaben, die über die Anforderungen eines normalen Bauantrags hinausgehen, zu erfüllen sind. So können Sie bereits bei Vertragsabschluss diese Kosten beim hausbauenden Unternehmen erfragen und vertraglich mit vereinbaren.

TÜV bestellen

Beauftragen Sie Ihren eigenen TÜV- oder Dekra-Gutachter. Sie können beim TÜV, dem Technischen Überwachungsverein, diese Leistung als Bauherr selbst einkaufen. Schließen Sie einen Vertrag mit dem TÜV, und vereinbaren Sie die von Ihnen gewünschten TÜV-Phasen, die an Ihrem Neubau geprüft werden sollen. Sie vereinbaren mit Ihrem TÜV-Beauftragten die Termine und die Anzahl der TÜV-Prüfphasen, die durchgeführt werden sollen. In der Regel werden bei einem Neubau ca. fünf Phasen der TÜV-Prüfung vereinbart. Die einzelnen Abschnitte können von der Prüfung der Planungsunterlagen bis hin zur Endabnahme vereinbart werden. Sie werden in jedem Fall informiert, wann welcher Abschnitt durchgeführt wird, und können an den Terminen auf der Baustelle auch teilnehmen. Nach jedem erfolgten Abnahmetermin erhalten Sie ein eigenes Protokoll vom TÜV-Beauftragten. Wenn Sie diese Leistung über die hausbauende Firma einkaufen, wird es zwar etwas günstiger, aber mit einem eigens durch Sie beauftragten TÜV-Mitarbeiter haben Sie einen neutralen Partner auf Ihrer Seite. Das Ziel des TÜV-Beauftragten ist es, Ihr Bauvorhaben in den vereinbarten Phasen auf korrekte und mangelfreie Ausführung hin zu kontrollieren. Oftmals geben Ihnen die Beauftragten wertvolle Tipps, wie Sie etwas besser oder anders machen können. Auch bei Eigenleistungen haben die Beauftragten in der Regel gute Ratschläge für Sie bereit. Sollte man Ihnen mit dem Argument begegnen, es sei günstiger, die Phasenprüfung des TÜVs beim Hausanbieter direkt vertraglich mit zu kaufen, dann lehnen Sie dankend ab. Gehen Sie in diesem Bereich Ihren eigenen Weg.

Ausführungspläne / Werkpläne sind wichtig

Fertigt das ausführende Unternehmen Ausführungspläne an? Es gibt Firmen, die den ausführenden Firmen bzw. Handwerkern, die Ihr Haus bauen sollen, keine Ausführungspläne bzw. Werkpläne zur Verfügung stellen. Werden die Ausführungspläne von einem Architekten mit angefordert, kostet der Architekt Ihrem Vertragspartner natürlich mehr Geld. Deshalb wird – und zwar leider oft – darauf verzichtet. Das hat zur Folge, dass es immer wieder zu Ausführungen kommt, die eben nicht genau dem entsprechen, was Sie vertraglich planerisch vereinbart haben. Auch gibt es Architekten, die keine Ausführungspläne anfertigen. Der Grund ist einfach. Ein Architekt haftet für seine Ausführungspläne. Wenn ein Architekt dies nicht leisten möchte, dann können Sie sich denken, was davon zu halten ist. Ich selbst habe dies bei einer Architektin erlebt. Sie arbeitet seit ca. zehn Jahren als freie Architektin für ein Unternehmen, das zwar innerhalb dieser Zeit zwei Insolvenzen hinter sich gebracht hatte, sie blieb den Personen der Geschäftsführung der Firma aber dennoch treu. Die jeweiligen Insolvenzen wurden immer durch neue Geschäftsführer angemeldet und so gründeten im Grunde die alten Geschäftsführer der vorherigen Firma wieder eine neue. Die neuen Firmen wurden eigentlich immer von den gleichen Leuten geführt. Diese Architektin führt heute noch ihr Architektur-Büro inklusive auch als Immobilien-Makler. Sie hat die Planungen und Bauanträge für die Bauvorhaben der Firmen immer angefertigt, nur eben keine Ausführungspläne, weil sie sich dafür hätte versichern müssen und sie die Haftung nicht übernehmen wollte. Es war ihr zu teuer. Architekten, die heute für Hausbaufirmen als freie Architekten nur für die Erstellung von Bauantragsunterlagen arbeiten, erhalten in der Regel zwischen 1.500 und 2.500 Euro pro Bauantrag von den Hausbaufirmen. Da macht es oft nur noch die Masse und nicht mehr das, was eigentlich ein Architekt leisten sollte.

Fragen Sie die Baufirma Ihrer Wahl und achten Sie darauf, dass vertraglich festgehalten wird, dass die Ausführungspläne angefertigt werden. Für eine genaue Ausführung des Bauvorhabens benötigen die Handwerker vor Ort diese Pläne. Gute Unternehmen liefern ihren Handwerkern diese Pläne. In Ihrem Vertrag sollte dies schriftlich festgehalten werden. Ebenso der Zeitpunkt, wann Ihnen diese Pläne mit ausgehändigt werden, z.B. mit Übergabe der Bauantragsunterlagen, spätestens zum Zeitpunkt des Baubeginns. Eventuell werden Ihnen für die Aushändigung der Ausführungspläne Kosten berechnet.

Erdarbeiten klären

Es gibt sehr große Unterschiede in der Leistungsbeschreibung der im Hauspreis enthaltenen Erdarbeiten, die für Ihren Neubau erforderlich sind. Einige Unternehmen schließen die Erdarbeiten auch komplett aus ihrem Leistungsumfang aus. Diese Arbeiten zählen dann zu Ihren Eigenleistungen. Das bedeutet, dass Sie ein Tiefbauunternehmen selbst mit der Durchführung der erforderlichen Erdarbeiten beauftragen müssen. Prüfen Sie den Werkvertragsinhalt und die Bauleistungsbeschreibung vor Vertragsabschluss auf den Umfang der enthaltenen Erdarbeiten.

Im Bereich Erdarbeiten können erhebliche Kosten entstehen, die in Ihrer Finanzierung mit kalkuliert werden müssen. Einige Bauunternehmen bieten in Ihrer Leistungsbeschreibung einen Anteil der Erdarbeiten (z.B. 30 cm) als im Vertrag enthalten an. Bei dieser Variante kommt es häufig zu Problemen. Die Frage, wer zahlt was, und mangelnde Transparenz der Preisgestaltung sind hier die Ursachen. Natürlich werden die Hausbauunternehmen ihren eigenen Tiefbauer beauftragen wollen. In der Regel haben die Firmen bessere Konditionen, als Sie sie erreichen können. Den übrig gebliebenen Anteil der Erdarbeiten müssen Sie als Bauherr dann selbst zahlen. Sie erhalten vom ausführenden Tiefbauunternehmen eine eigene Rechnung mit Ihrem Anteil. Dies führt bei der Abrechnung häufig zu Ungereimtheiten. Bauherren fragen sich ob die Kostenaufteilung wirklich korrekt ist oder ob sie nicht mehr als die Baufirma bezahlen müssen? Sie können in diesem Fall durchaus fragen, ob es möglich ist, dass Sie sich ein Tiefbauunternehmen Ihrer Wahl aussuchen können. Das muss natürlich die erforderlichen Qualifikationen, technische Voraussetzungen und Nachweise der korrekten Ausführung der Erdarbeiten nachweisen können.

Baustelleneinrichtung

Klären Sie im Vorfeld, wer die Baustelle einrichtet. Was erwartet man von Ihnen als Bauherr, und was leistet das bauausführende Unternehmen? Müssen Sie eventuell noch Voraussetzungen schaffen, wie z.B. ein Standrohr für die Versorgung der Baustelle mit Wasser während der Bauphase besorgen? Für die Bauzeit wird Wasser auf der Baustelle benötigt. Wenn Sie das Standrohr besorgen müssen, fragen Sie bei dem Bauamt, bei dem Sie Ihre Baugenehmigung erhalten haben, nach. Dort sagt man Ihnen, wo Sie das Standrohr bekommen. In der Regel müssen Sie eine Kaution hinterlegen. Die Preise sind hier sehr unterschiedlich. Mit mindestens 300 Euro sollten Sie in jedem Fall rechnen. Das Standrohr geben Sie gegen einen schriftlichen Nachweis der Entgegennahme Ihrem zuständigen Bauleiter. Wenn die Phase beendet ist, in der Wasser auf der Baustelle benötigt wird, geben Sie das Standrohr wieder zurück. Der Wasserverbrauch wird später abgelesen und Ihnen in Rechnung gestellt. Ihre Kaution bekommen Sie natürlich dann auch wieder zurück. Wenn Sie für den Baustrom auf der Baustelle sorgen müssen, brauchen Sie einen Elektriker, der Ihnen den Antrag für den Baustrom beim Energieversorger ausfüllt und den Stromkasten besorgt bzw. Ihnen für die Bauzeit gegen Rechnung zur Verfügung stellt.

Wenn später Ihr Haus an die Energieversorgung angeschlossen ist, wird Ihnen der verbrauchte Baustrom vom Energieversorger in Rechnung gestellt.

Eventuell gehört die Bereitstellung einer Bautoilette für die Zeit der Bauphase zu Ihren Leistungen. Schauen Sie im Internet nach. Es gibt Toiletten bereits unter 20 Euro pro Woche für die Bauzeit zu mieten. Wichtig ist, dass Lieferung, Reinigung und Abholung mit im Mietpreis enthalten sein sollten.

Ein weiterer Punkt, der zu Ihren Leistungen gehören könnte, ist die Bereitstellung eines Bauzauns. An Baustellen mit Keller wird dieser in der Regel vom bauausführenden Unternehmen gestellt. Sollte aber kein Bauzaun gestellt werden, so kann es sein, dass Sie dafür Sorge zu tragen haben. Fragen Sie dann Ihren Vertragspartner für die Bauausführung. Dort wird man Ihnen ein gutes Angebot machen können. Prüfen Sie genau den Inhalt im Vertragswerk, damit Sie wissen, was von Ihnen erwartet wird. So vermeiden Sie böse Überraschungen und haben einen besseren Überblick der zusätzlichen Kosten – neben dem eigentlichen Bau des Hauses und dem Erwerb des Grundstücks.

Der größte Fehler: „Ich weiß das"

Es gibt kaum eine bessere Methode zu verhindern, dass Sie die Informationen erhalten, die Sie noch nicht haben. Nun fragen Sie sich, was soll das denn heißen? Mit Sicherheit informieren Sie sich eingehend zu allen Themen rund um Ihr Vorhaben Hausbau. Allerdings wird es nie so sein, dass Sie alles wissen. Wenn Ihnen in Gesprächen Dinge erklärt werden, von denen Sie wissen, dass Sie es schon wissen, dann sagen Sie es nicht. Warum, ist ganz einfach. Wenn Sie mit Ihrem Wissen glänzen wollen und Ihrem Gegenüber das mit „Ich weiß das..." mitteilen, wird Ihr Gegenüber keinen Grund mehr sehen, Ihnen noch mehr zu erklären. Zudem lernen Sie Ihr Gegenüber besser einzuschätzen. Erzählt Ihnen jemand etwas, was nicht stimmt, können Sie getrost auf eine Zusammenarbeit verzichten. Weiß dieser jemand aber, dass Sie sich in dem Themenbereich auskennen, wird er an dieser Stelle erst einmal nicht versuchen, Sie übers Ohr zu hauen – aber vielleicht an anderer Stelle.

In jedem Fall lohnt es sich, einen Moment mal „nichts" zu sagen. Bei jedem Gespräch gibt es irgendetwas Neues, und das können Sie wieder für sich als Erfahrung und Wissen aufnehmen.

Angebote zum Hausbau!

Vertrag zum Hausbau

Vertrag unbedingt prüfen

Jeder Hausbau- bzw. Werkvertrag sollte unbedingt vorher mit einem für diesen Bereich spezialisierten Rechtsanwalt für Baurecht geprüft werden. Eine Investition, die sich immer auszahlt. Sie können sich noch so sehr bemühen, alles genau zu lesen und die Angebote zu vergleichen, aber wirkliche Klarheit über die Aussage der einzelnen Paragraphen und Zusammenhänge kann Ihnen nur ein qualifizierter Rechtsanwalt geben. Sie werden sich deutlich sicherer und beruhigter fühlen, wenn Sie dieses Gespräch geführt haben und dann mit einem guten Gefühl Ihren Partner für den Bau Ihres Eigenheims wählen können. Sie können den Hausbauvertrag aber auch von anderen Institutionen prüfen lassen. Z.B. der Bauherren-Schutzbund oder der Verband privater Bauherren bieten solche Leistungen an. Natürlich ist es nie erreichbar, dass alle Rechte auf Seiten der Bauherren liegen, jedoch sollte es ein ausgewogenes Verhältnis sein. Welche Punkte hier besonders relevant und risikobehaftet für Bauherren sind, sagen Ihnen die oben genannten Berater bzw. Rechtsanwälte. So ist z.B. der Zahlungsplan, welcher dem Hausbauvertrag angegliedert ist, ein ganz zentrales Dokument. Achten Sie unbedingt darauf, dass die geforderten Zahlungsabschnitte verhältnismäßig sind. Oft werden am Anfang sehr hohe Raten eingefordert. Nach Fertigstellung des Dachstuhls mit Beginn der Ausbaugewerke werden dann die Raten im Zahlungsplan kleiner. Das führt dazu, dass von Anfang bis Ende des Rohbaus große Summen von der Hausbaufirma eingenommen werden. Für Sie als Bauherr steht der Wert Ihres bis dahin gebauten Hauses nicht im Verhältnis zu den bereits geleisteten Zahlungen. Deshalb lassen Sie das Vertragswerk vor Unterschrift prüfen.

In einem konkreten Fall hat die Bauherrin, nach einem sehr problematischen Verlauf der Bauphase, einen Rechtsbeistand eingeschaltet. Dieser ließ durch einen unabhängigen Baugutachter den bis dahin vorliegenden Bautenstand prüfen. Der Gutachter stellte mit Entsetzen fest, dass für den gerade geschlossenen Rohbau, so nennt man einen Rohbau mit Dach und Fenstern, bereits ganze 82 Prozent des Gesamthauspreises von der Bauherrin bezahlt wurden. Der Bautenstand war absolut überzahlt. Das Verhältnis der von ihr geleisteten Zahlungen war deutlich höher als das, was bis dahin gebaut wurde. Beugen Sie einer solchen Überzahlung vor und lassen Sie den Vertrag vor Unterzeichnung professionell prüfen. Eine Investition, die sich für Sie immer auszahlen wird!

Hausbauvertrag vor Grundstückseigentum

Es gibt keinen Grund zur Eile. Einen Hausbauvertrag sollten sie immer erst nach dem Erwerb eines Grundstücks schließen. Oder mit den entsprechenden Vorbehalten im Vertrag. Was das ist und wie solche Vorbehalte auszusehen haben, darauf gehe ich später noch näher ein. Ihr Haus kann erst dann genau geplant und kalkuliert werden, wenn fest steht, auf welchem Grundstück es gebaut werden soll. Der Bebauungsplan, die Ausrichtung der erlaubten Gestaltungen, die Maße zum Haustyp, zu Größe, Energieeffizienz etc. entscheiden letztendlich, was überhaupt gebaut werden kann. Sie brauchen keine Eile zu haben, Anbieter zum Bau Ihres Hauses wird es immer geben.

Hausbauvertrag nur mit gesicherter Finanzierung unterschreiben

Sollten Sie – aus egal welchem Grund – einen Hausbauvertrag unterschreiben wollen, ohne im Besitz einer gesicherten Finanzierungszusage oder eines Grundstücks zu sein, ist es sehr wichtig zu wissen, dass Sie in jedem Fall die Verpflichtungen aus dem Hausbauvertrag zu erfüllen haben. Deshalb ist dringend davon abzuraten, den zweiten Schritt vor dem ersten zu machen. Stellen Sie sich vor, das Wunschgrundstück wird Ihnen vor der Nase weggeschnappt oder die Finanzierung wird nicht von dem finanzierenden Institut bestätigt. Dann ist das Problem hausgemachter Art. Sie müssen den Vertrag erfüllen und wissen nicht, wo Sie die Mittel herbekommen sollen. Oder Sie müssen ein Grundstück wählen, welches Sie ohne diesen enormen Druck nie in die engere Wahl genommen hätten. Sie haben in solch einem Fall eventuell noch die Möglichkeit, den Vertrag mit Hilfe eines Rechtsanwalts aufheben zu lassen. Dies ist aber nur unter bestimmten Voraussetzungen möglich. Die Kosten eines Rechtsanwaltes für Baurecht werden Sie mit Sicherheit selbst tragen müssen, wenn Sie den geschlossenen Hausbauvertrag kündigen wollen. Die Hausbaufirma hat in diesem Fall Anspruch auf Ersatz des ihr entgangenen Gewinns. Circa fünf bis sieben Prozent der vertraglich vereinbarten Hauspreissumme des Hausbauvertrages müssen Sie an das Bauunternehmen zahlen. Das ist eine erhebliche Summe. Die Firma, die Sie mit dem Bau Ihres Hauses vertraglich beauftragt haben, hat einen Anspruch darauf, den entgangenen Gewinn bei Ihnen geltend zu machen. Die Rechtsprechung sieht hier vor, dass ein Unternehmen mit den vertraglich vereinbarten Zahlungen kalkulieren muss und der Schaden, der dem Unternehmen dadurch entsteht, dass ein Vertragsverhältnis, welches vom Auftraggeber gekündigt wird, ohne dass der Auftragnehmer dies verschuldet hat, ersetzt werden muss. Also keine Eile mit der Unterschrift auf dem Hausbauvertrag. Oder Sie sichern sich vertraglich durch die Einbindung von sogenannten Vorbehalten ab.

Hausbauvertrag immer mit Vorbehalten schließen

Sollten Sie aus irgendeinem Grund einen Vertrag zum Bau Ihres neuen Hauses schließen, ohne eine gesicherte Finanzierung zu haben oder ein Grundstück zu besitzen, müssen sogenannte Vorbehalte im Vertrag mit aufgenommen werden. Angenommen Sie bekommen das Grundstück aus irgendeinem Grund nicht, die Finanzierung klappt doch nicht oder die Baugenehmigung wird nicht erteilt, dann sollte in Ihrem Vertrag stehen, dass dieser dann automatisch seine Gültigkeit verliert und aufgelöst wird und Ihnen keine Kosten entstehen. Das ist zwar nicht sehr beliebt bei den Hausverkäufern und Vertriebspartnern, aber für Sie unerlässlich. Dieser Vorbehalt sollte sich auf das Grundstück, die Finanzierung und die Baugenehmigung beziehen. Wenn Ihnen diese Vorbehalte nicht schriftlich zugesichert werden, suchen Sie sich einen anderen Baupartner für Ihren Wunsch eines eigenen Hauses.

Bauleistungsbeschreibung genau beachten

Die Bauleistungsbeschreibung ist sehr wichtig. Darin steht genau geschrieben, was in Ihrem Haus wie gebaut, verbaut und ausgeführt wird: Materialien, Fabrikate, Auswahl, Technik etc. Eine Bauleistungsbeschreibung ist sehr speziell geschrieben. Jedes Unternehmen, das Häuser baut, hat seine eigene spezielle Beschreibung der Ausführung. Jedes Haus, was von dem jeweiligen Bauunternehmen angeboten wird, hat einen bestimmten Standard an Ausstattung und z.B. einen Energieeffizienzwert. Alles, was über diesen Standard hinausgeht, wird separat in Anlagen zum Werkvertrag oder im Werkvertrag selbst vertraglich vereinbart. Die Bauleistungsbeschreibungen geben Ihnen auch Aufschluss über die von Ihnen erwarteten Leistungen.

Meistens haben die Bauleistungsbeschreibungen bis zu 30 Seiten Inhalt. Dieser ist nicht immer in einer klaren und für die Bauherren verständlichen Ausdrucksweise geschrieben. Die Unterschiede liegen hier oftmals in der Formulierung. Je nachdem, wie eine Formulierung gewählt wird, kann diese an einer anderen Stelle der Bauleistungsbeschreibung Auswirkungen haben. Diese könnten wiederum mit Leistungseinbußen oder Mehrkosten für Sie verbunden sein. Mit

Sicherheit sind Sie in der Lage, eine Bauleistungsbeschreibung zu lesen. Allerdings ist ein Vergleich der verschiedenen Bauleistungsbeschreibungen für die Bauherren fast unmöglich. Wie gesagt, hier stehen oft nur minimal unterschiedliche Formulierungen, die aber eventuell große Konsequenzen nach sich ziehen. Auch jedes technische Detail ist in vollem Umfang von den Bauherren fast nicht möglich, eins zu eins zu vergleichen. Das ist auch nicht schlimm. Denn in Ihrem Beruf wissen Sie genauestens Bescheid und könnten jeden Vergleich mit Mitbewerbern bestens darstellen. Das Baugewerbe ist eben auch ein eigenes Feld. Hier gibt es große Unterschiede, die bei Nicht-Kenntnis zu erheblichen Kosten führen können. Lassen Sie die verschiedenen Bauleistungsbeschreibungen vergleichen bzw. prüfen. Genauso wie auch den eigentlichen Hausbauvertrag.

Was bedeutet „gleichwertig" und ist das in Ordnung?

In der Bauleistungsbeschreibung sollten Sie darauf achten, dass die Materialien und Fabrikate eindeutig beschrieben und aufgeführt sind. Oft verstecken sich aber kleine Stolperfallen, die Sie tief fallen lassen könnten. „Oder gleichwertig" bedeutet, dass das Unternehmen ohne Nachfrage Produkte seiner Wahl einbauen kann. Wenn ein bestimmtes Produkt nicht mehr zu beschaffen ist, sollte im Vertrag klar definiert sein, dass in diesem Fall Ihr schriftliches Einverständnis zum Ausweichprodukt eingeholt werden muss. Ist dies nicht der Fall, könnte es durchaus schwer für Sie werden, nachzuvollziehen, wann und warum das ursprüngliche Produkt laut Aussage der Baufirma nicht mehr zu beschaffen ist. Diese Formulierung ist fast in allen Baubeschreibungen anzutreffen. Grundlegend ist das auch nicht schlimm. Es kann ja wirklich einmal vorkommen, dass ein bestimmtes Produkt durch Weiterentwicklung oder eingestellter Produktion nicht mehr zur Verfügung steht. Ihnen als Bauherr muss es wichtig sein, dass die Qualität und Ausführung so gewährleistet sind, wie Sie es vertraglich vereinbart haben. Deshalb wird man die Bauleistungsbeschreibung nicht direkt für Sie als einzigen Bauherren ändern. Eine Anlage zum Werkvertrag kann dies allerdings schriftlich fixieren. Ihnen geht es hier lediglich um die Gewissheit, dass Sie bei Veränderung der in der Bauleistungsbeschreibung vereinbarten Materialien und Produkte informiert werden und Sie sich mit dem neuen Produkt schriftlich einverstanden erklären. Um es nicht ganz so schreib-aufwendig zu machen, können Sie auch folgendes vereinbaren: Bei Steigerung der Qualität des alten Produktes zu einer neuen Ausführung entfällt das Einholen Ihres schriftlichen Einverständnisses. Der Bauherr ist schriftlich über die Veränderung mit Angabe des Materials, Herstellers und des Typs der beiden Produkte im Vergleich zu informieren. Lediglich bei Minderung der gekauften Qualität tritt die Vereinbarung ein, dass nach Information des Bauherrn sein schriftliches Einverständnis zwingend erforderlich ist.

Bitte beachten Sie, dass mit dieser Formulierung nicht gemeint sein könnte, dass Sie als Bauherr sich selbst andere Materialien besorgen oder Preisvergleiche anstellen können. Durch Sie darf keine Verzögerung des Weiterbauens eintreten. Das wäre für die bauausführenden Unternehmen nicht tragbar und würde Ihnen verständlicherweise auch nicht zugesichert.

Der Zahlungsplan

Der Zahlungsplan sollte unbedingt, wie auch der Werk- bzw. Hausbauvertrag genauestens geprüft werden. Zu beachten gilt: Wie hoch sind die zu leistenden Zahlungen im Verhältnis zum Bauabschnitt? Welche Leistungen enthalten Ihre Zahlungsraten? Sind die Zahlungsraten zu Beginn sehr hoch, ist das zu prüfen. Nicht dass am Ende der Zahlungsplan zwar gut für Ihren Auftragnehmer ist, aber nicht für Sie. In jedem Fall sollten keine Zahlungen vor Abschluss und Abnahme eines Bauabschnitts erfolgen. Ausnahmen stellen hier Bauweisen dar, bei denen Ihr Haus in Teilen oder ganz im Werk vorgefertigt wird. In diesen Fällen ist es durchaus gängig, dass das Produkt bei Auftragserteilung oder vor Lieferung bezahlt werden muss.

Wichtig ist hier, dass Sie viele kleine Zahlungsschritte mit kleineren prozentualen Raten der Hausbauvertragssumme vereinbaren. Gehört die Erstellung der Bauantragsunterlagen auch zu Ihren gekauften Leistungen, wird schon vor Beginn der Bauarbeiten eine Rate fällig, und zwar dann, wenn die Bauantragsunterlagen bei Ihnen vorliegen. Diese Rate sollte maximal drei bis vier Prozent der Vertragssumme sein. Anders ist es, wenn Sie Ihr Bauvorhaben über einen Baudienstleistungsanbieter erwerben. In diesem Fall zahlen Sie alle Leistungen bis zu dem Tag des Beginns der Baumaßnahmen an den Baudienstleister. Dazu gehören die Leistungen der Bauantragsunterlagen, des Architekten, der Statik, der Ausschreibung, der Bauleitung und der Auswahl des Bauunternehmens. In diesem speziellen Fall wird dieser Teil der Leistungen direkt an den Baudienstleister gezahlt. Sobald der Hausbau dann beginnt, zahlen Sie nach einem eigenständigen Vertrag direkt an die ausführende Baufirma. Hier gilt auch: Alle Zahlungsschritte des Zahlungsplans sollten immer erst nach Ausführung eines genau bestimmten Abschnittes Ihres Bauvorhabens fällig werden und demnach dann auch erst nach Abnahme durch den Bauleiter bezahlt werden.

Fertigstellungsbürgschaft

Gute Bauunternehmen bieten Ihnen entweder kostenfrei, das ist allerdings sehr selten, oder gegen einen Aufpreis im Hausbauvertrag die Fertigstellungsbürgschaft an. Im Rahmen der Fertigstellungs-/Vertragserfüllungsbürgschaft übernimmt ein Dritter die Kosten, falls die Baufirma nicht in der Lage sein sollte, Ihr Haus fertigzustellen. Meistens treten Banken oder Versicherungen als Bürgen auf. Preise und Höhe der zu vereinbarenden Bürgschaft sind begrenzt. Selbst wenn Sie die Fertigstellungsbürgschaft zahlen müssen, sollten Ihnen Ihr Haus und Ihre Sicherheit es wert sein. Die Unternehmen müssen für eine solche Bürgschaft ausreichend Liquidität zur Verfügung haben bzw. den Nachweis erbringen, dass sie keine Risikounternehmen darstellen. Auch Versicherungen, Banken oder Sparkassen, die diese Bürgschaften ausstellen, wollen das Risiko so gering wie möglich halten. Fragen Sie bei den Vertragsverhandlungen, ob das Unternehmen eine solche Vertragserfüllungs- bzw. Fertigstellungsbürgschaft anbietet, wenn nicht, sollten Sie von diesem Unternehmen Abstand nehmen! Auch eine mündliche Aussage reicht hier nicht aus. Die schriftliche Zusage und das Aushändigen der Police muss im Vertrag geregelt werden. In der Regel sichert die Fertigstellungsbürgschaft zehn Prozent der Netto-Bausumme ab.

Eine andere Möglichkeit der Absicherung im Hausbau ist eine Fertigstellungsversicherung. Auch hierbei handelt es sich um eine Absicherung der Bauherren vor dem Insolvenzrisiko des Bauunternehmers. In diesem Fall ist aber nicht der Bauherr Versicherungsnehmer, sondern das Bauunternehmen. Dieses sichert sich hiermit vor Schadensersatzansprüchen des Bauherrn – bei einer eventuellen Insolvenz und einer damit verbundenen Nichterfüllung der vertraglich vereinbarten Leistungen aus dem Bauvertrag – ab. Die daraus resultierenden Ersatzansprüche macht der Bauherr dann direkt bei der Versicherung geltend und nicht beim verschuldeten Bauunternehmen. Dies hat den Vorteil, dass die Sicherheit für den Bauherrn sehr unkompliziert ist. Er muss weder vertragliche Erklärungen abgeben, noch selbst irgendeine Prämie bezahlen. Allerdings kommt diese Form kaum noch zum Tragen, weil sie nur umfassend greift, wenn ein Bauunternehmen alle Arbeiten mit eigenen Mitarbeitern ausführt und keine Gewerke an andere Handwerker weiter vergibt. Die Versicherungssumme beträgt in der Regel zehn Prozent der Netto-Bausumme. Diese Bürgschaften sorgen dafür, dass Sie ruhiger in Ihre Bauphase starten können, da Sie zusätzliche Sicherheit vereinbart haben.

Statik bekommt auch der Bauherr

Wichtig ist, dass die Statik mit den Bauantragsunterlagen Ihnen als Bauherr ausgehändigt wird. Ohne statische Berechnung kann ein Bauantrag nicht bearbeitet werden. Dies muss im Hausbauvertrag oder in der Bauleistungsbeschreibung genau beschrieben sein. Oft wird Ihnen die Statik vertraglich erst am Ende der Bauzeit ausgehändigt. Das Argument „während der Bauphase ändert sich die Statik häufig", ist mir nicht unbekannt. Allerdings ist das kein Argument, sondern eher als Alarmsignal zu werten. Auch hier gilt: Keinen Hausbauvertrag bei dieser Firma abschließen!

Also wichtig, die Statik muss dem Bauherrn direkt zusammen mit den Bauantragsunterlagen ausgehändigt werden. Wenn später Probleme auftreten oder der Bauherr eventuell den Hausbauvertrag kündigen möchte, brauchen Sie Ihre Statik. Bei Streitigkeiten ist es dann häufig so, dass Ihnen die Statik erst nach langwierigem Rechtsstreit ausgehändigt wird. Ohne diese ist allerdings ein Weiterbauen – etwa durch eine andere Firma – nicht möglich. Sollte die Baufirma während der Bauphase Insolvenz anmelden, ist meistens nicht mehr oder nur sehr schwer an Unterlagen heranzukommen. Vereinbaren Sie den Zeitpunkt der Übergabe der Statik und der Energieeffizienzberechnung Ihres Neubaus schriftlich im Hausbauvertrag.

Ein seriöses Bauunternehmen, welches das Ziel hat, fair mit seinen Bauherren umzugehen, wird kein Problem damit haben, Ihnen Ihre Statik mit den Bauantragsunterlagen auszuhändigen. Spätestens bei Baubeginn muss die Statik der Baubehörde vorgelegt werden. Welchen Grund sollte es geben, Ihnen diese nicht auszuhändigen? Schließlich ist diese Leistung in Ihrem Zahlungsplan enthalten. In dem Moment, wenn Sie eine Rate gezahlt haben, haben Sie auch die Statik bezahlt.

Wärmeschutznachweis bekommt auch der Bauherr

Das Gleiche wie für die Statik gilt auch für den Wärmeschutznachweis bzw. die Berechnung des Wärmeschutzes. Auch dieser sollte Ihnen mit den Bauantragsunterlagen ausgehändigt werden. Sie müssen der KfW-Bank (Kreditanstalt für Wiederaufbau) im Zweifelsfall den Energieeffizienzstatus Ihres Neubaus nachweisen. Die KfW-Bank fördert Privatpersonen mit besonders günstigen Konditionen beim Neubau. Sollte die Angabe gemäß Bauantrag nicht den späteren Werten entsprechen, müssen Sie die erhaltenen Förderleistungen zurückzahlen. Das würde alle Ihre Pläne einer gesicherten Finanzierung nicht nur in Frage stellen, sondern zunichte machen. Sie müssen die erhaltenen Leistungen sofort zurückzahlen und Ihnen fehlt das Geld, um Ihr Haus zu bezahlen. Sie finanzieren also teuer nach.

Sollte es zu einer Insolvenz der Baufirma kommen oder Sie aus Gründen der Unzufriedenheit während der Bauphase den Vertrag mit dem Unternehmen auflösen wollen, werden Sie nur sehr schwer an diese Unterlagen herankommen. In einem mir bekannten Fall haben die Bauherren einen Hausbauvertrag mit einem Energieeffizienzstatus 70 vertraglich mit der Baufirma vereinbart. Die Bauherren hatten dann aber während der Bauphase ständig mit Problemen der Erreichbarkeit des Bauleiters oder der Baufirma zu kämpfen. Das Bauvorhaben verzögerte sich monatelang. Dem Bauleiter fielen immer merkwürdigere Ausreden zu dieser Sache ein. Die Unternehmen, die man an der Baustelle antraf, wechselten ständig. Immer wieder wurde ein Gewerk begonnen und dann nicht weiter gearbeitet. Wochen später kam dann jeweils ein neuer Unternehmer. Es ging ständig so weiter. Irgendwann hatten die Bauherren solche Unruhe, dass sie nach dem Nachweis des Effizienzstatus und der KfW-Bescheinigung fragten. Diese sollte laut Bauunternehmen mit dem Bauantrag fertiggestellt worden sein, es sei alles in Ordnung. Wochen später bekamen die Bauherren einen Brief von der Geschäftsleitung der bauausführenden Firma, die den Bauherren kurz und knapp mitteilte, dass ihr Haus nie ein Effizienzhaus 70 gewesen wäre, sondern ein EnEV-Haus. EnEV ist die Energieeinsparverordnung, in ihr werden die bautechnischen Standardanforderungen zum effizienten Betriebsenergiebedarf Ihres Gebäudes oder Bauprojektes vorgeschrieben. Nach diesen Anforderungen muss der Neubau eines Hauses erfolgen. Es sind Mindestanforderungen. Ein Energieeffizienzhaus 70 bedeutet, dass die Mindestanforderungen der EnEV deutlich überschritten werden. Das kostet die Bauherren zwar mehr Geld, aber sie werden im Gegenzug dafür von der KfW-Bank vergünstigte Kredite zur Finanzierung der Maßnahmen erhalten. Wenn dieser Kredit von der KfW-Bank in Anspruch genommen wurde, fordert diese natürlich den Nachweis, dass der vereinbarte Energieeffizienzstatus auch erreicht wurde. Deshalb ist es für Bauherren natürlich eine Katastrophe, wenn so etwas passiert. Denn die Finanzierung wurde hier mit Inspruchnahme der KfW-Förderung abgeschlossen. Nun findet hier seit einigen Monaten ein Rechtsstreit statt, der die Bauherren erneut finanziell schwerwiegend fordert. Der Ausgang ist noch nicht gewiss. Ein Gutachter hat zwischenzeitlich festgestellt, dass das Haus auf gar keinen Fall den Energieeffizienzstatus 70 erreichen kann. Weil die Bauherren von Beginn an diese Unterlagen, also den statischen Nachweis der Berechnung des Energieeffizienzwertes, nach dem gebaut werden muss, nicht erhalten haben, konnte auch nicht sofort geprüft werden, ob Ausführung und Berechnung übereinstimmen. Ersparen Sie sich einen solchen Rechtskampf von vornherein.

Bauzeiten und Bauablaufplan

Die Bauzeiten und der Bauablaufplan müssen im Hausbauvertrag verankert und genau deklariert werden. Nur so haben Sie eine Möglichkeit, die Zeiten zu kontrollieren, damit Sie gegebenenfalls Verzögerungen schriftlich anzeigen können. Ein Bauzeitenplan bedeutet nicht, dass Sie auf die Stunde genau wissen müssen, welcher Handwerker an Ihrem Bau weiterarbeitet. Nein, lediglich der Ablauf der aufeinander folgenden Gewerke mit einer Zeitangabe „von bis" ist hiermit gemeint.

Ein Haus wird mit vielen verschiedenen aufeinander und manchmal zeitgleich ausgeführten Gewerken erstellt. Die zeitliche Reihenfolge, wann wird was ausgeführt, und wie lange dauert das, sollte in einem Bauablaufplan geregelt sein. Der Termin, an dem Sie Ihre bisherige Wohnung kündigen oder die Vorbereitung für den anstehenden Umzug treffen können, ist für Sie ein sehr wichtiger Termin. Wann können Sie mit den nötigen Tapezierarbeiten beginnen oder wann die Bodenbeläge in den Wohnräumen verlegen und Möbel kaufen bzw. liefern lassen – all die Dinge, die zum letzten Anstrich Ihres Hauses gehören. Diese Angaben sind also für Sie sehr wichtig. Zum einen, um eine gewisse Transparenz über die zeitliche Abfolge des Hausbaus zu erhalten, und zum anderen, um Ihren eigenen zeitlichen Einzug vorbereiten zu können.

Zudem werden Verzögerungen schnell klar, wenn Sie den Bauablaufplan mit dem aktuellen Stand Ihrer Baustelle abgleichen. Hier ist es wichtig, so früh wie möglich schriftlich den Verzug im Vergleich zum Bauablaufplan der bauausführenden Firma anzuzeigen und diese mit einer Frist zur Weiterführung aufzufordern. Auch wenn Sie den Bauzeiten- bzw. den Bauablaufplan nicht sofort mit der Unterschrift auf Ihrem Werkvertrag ausgehändigt bekommen, achten Sie bitte darauf, dass im Vertrag schriftlich fixiert ist, dass Ihnen vor Beginn der Baumaßnahme dieser Ablaufplan ausgehändigt wird. Eine mündliche Aussage hilft hier nichts. Im Zweifelsfall kann sich später keiner mehr daran erinnern.

Später Leistungen aus dem Vertrag herausnehmen

Manchmal ergeben sich im Laufe der Bauphase Änderungswünsche der Bauherren. Die Innenwände sollen doch noch nicht versetzt oder ein Durchbruch an einer anderen Stelle erstellt werden, es gibt viele solcher Spontan-Wünsche. Es kann auch sein, dass Sie eine größere Terrassentür wünschen oder den Wunsch haben, bestimmte Leistungen in Eigenleistung zu erbringen. Sie haben einen Tischler über einen Freund kennengelernt, und der möchte Ihnen beim Einbau der Innentüren helfen. Das alles können Gründe sein, warum Bauherren während der Bauphase plötzlich Veränderungen an den vertraglich vereinbarten Leistungen wünschen.

Zunächst sollten Sie Kontakt mit Ihrem Bauleiter aufnehmen und einen gemeinsamen Gesprächstermin mit der Geschäftsleitung vereinbaren. In der Folge erhalten Sie ein Angebot über die eventuellen Mehrleistungen oder ein Angebot über die Reduzierung des Vertragspreises um den Wert der ermittelten Eigenleistungen. Wenn Sie während der Bauphase Leistungen verändern oder wegen Eigenleistungen aus Ihrem Vertrag herausnehmen lassen, hat dies Konsequenzen auf die vertraglich vereinbarte Bauzeit. Zum einen verlieren Sie die Bauzeitgarantie und zum anderen kann eventuell das nachträgliche Festsetzen von Eigenleistungen Auswirkungen auf Ihre Gewährleistungen haben. Hier ist genau zu prüfen, ob und welche Gewährleistung dann für Sie nicht mehr Vertragsbestandteil wären.

Handwerkerliste

Im Hausbauvertrag sollte geregelt sein, dass die bauausführende Firma Ihnen eine Liste der Handwerker aushändigt. Die Liste muss alle Gewerke, die an Ihrem Haus Arbeiten ausgeführt haben, enthalten. Bei der Abnahme und Übergabe Ihres Hauses ist diese Liste spätestens an Sie zu übergeben. Sollte innerhalb der Gewährleistungsfrist ein Mangel oder Schaden an Ihrem Haus auftreten, müssen Sie die Handwerksbetriebe erreichen können, welche diese betreffende Arbeit an Ihrem Haus ausgeführt haben. Sie brauchen diese Liste auch zur Durchsetzung eventueller Gewährleistungsansprüche. Die Gewährleistungszeit beträgt vier bis fünf Jahre, je nachdem, auf welcher Grundlage der Hausbau- bzw. Werkvertrag geschlossen wurde, nach BGB, dem Bürgerlichen Gesetzbuch, oder VOB, der Vergabe- und Vertragsordnung für Bauleistungen. Es spricht auch nichts dagegen, zusätzlich bei den Handwerkern, die Sie vor Ort an Ihrem Bauprojekt antreffen, nach einer Visitenkarte zu fragen. Dies bedeutet aber nicht, dass Sie auf die Handwerkerliste verzichten können. Achten Sie auch hier bitte unbedingt darauf, dass dies im Hausbauvertrag/Werkvertrag geregelt ist.

Vertrag zum Hausbau!

Vertrag zum Hausbau!

Vertrag zum Hausbau!

Während des Baus

„Per Du" mit Handwerkern, Bauleiter und Geschäftsführung

Oftmals unterliegen Bauherren dem Irrtum, dass Sie zum Freund der Bauleiter, der Geschäftsleitung oder der Handwerker werden, wenn ein persönliches „Per-Du-Verhältnis" besteht. Weit gefehlt, im Zweifel haben Sie es schwerer. Ein fälschlich verstandenes Freundschaftsverhältnis kann zu blindem Vertrauen führen, das im Falle eines Hausbaus vollkommen unangebracht ist. „Per Sie" begegnen nicht nur Sie Ihrem Gegenüber mit deutlich mehr gesunder Skepsis, man wird auch Ihnen mit deutlich mehr Respekt entgegentreten. Sie werden ernst genommen und haben eine deutlich bessere Verhandlungsposition. Überlegen Sie in Ihrem eigenen Umfeld. Unter Freunden oder Menschen, mit denen Sie „per Du" sind, werden Sie immer eine ganz andere Toleranz bei Konflikten an den Tag legen als mit Geschäftspartnern, mit denen Sie „per Sie" sind. Sollte es einmal erforderlich sein, unangenehme Briefe oder E-Mails an Ihr bauausführendes Unternehmen zu senden, werden Sie dies eindeutiger und sachlicher in der „Sie-Anrede" formulieren können, als Sie dies „per Du" schreiben würden. Natürlich wünscht sich jeder, es würde keine Probleme oder kleinere Diskrepanzen geben, aber glauben Sie mir, es ist besser, vorzubeugen und damit die Wege offen zu halten. Es ist vollkommen normal, dass ein emotional neutraler Boden besser für Verhandlungen ist. Ich wünsche Ihnen in jedem Fall, dass Sie eine gute Bauphase erleben und Ihr Hausbau problemlos zum gewünschten Ergebnis führt. Ihre Freude darüber wird auf keinen Fall geschmälert, wenn Sie einen „Per-Sie-Dialog" mit allen Beteiligten führen.

Geschäfte mit Handwerkern auf der Baustelle machen

Bei jeder Bauausführung ist es absolut normal, dass Handwerker der einzelnen Gewerke Ihnen zusätzliche Leistungen auf der Baustelle anbieten. Besonders bei den Gewerken Elektrik, Sanitär und Fliesen gibt es immer wieder Wünsche, die Bauherren im Zuge der Baufortschritte haben. Prinzipiell spricht auch nichts dagegen. Aber bedenken Sie: Sobald Sie Geschäfte mit den ausführenden Handwerkern auf Ihrer Baustelle besprechen und aushandeln, entspricht dies nicht den vereinbarten Leistungen aus dem Werkvertrag mit Ihrem bauausführenden Unternehmen. In der Regel wünschen die Unternehmen das nicht, im Gegenteil, meistens ist es gemäß Werkvertrag sogar untersagt. Ihr Vertragspartner übernimmt für die vertraglich mit Ihnen vereinbarten Leistungen die Gewährleistung. Schon aus diesem Grund müssen alle Leistungen, die an Ihrem Neubau durch beauftragte Handwerker des Vertragspartners ausgeführt werden, auch in Ihrem Werkvertrag vereinbart sein. Lassen Sie Arbeiten ohne Kenntnis Ihres den Bau ausführenden Vertragspartners durchführen, gibt es dafür keine Gewährleistung.

Es kann durchaus sein, dass Ihnen mündlich vom Handwerker Leistungen für einen gewissen Preis ohne Rechnung angeboten werden. Davon sollten Sie absolut Abstand nehmen. Es ist außerhalb der Legitimität und im Ernstfall erinnert sich der Handwerker nicht mehr an die Arbeiten, die er bei Ihnen ausgeführt hat. Dies sollten Sie sich sehr gut überlegen. Vereinbaren Sie mit der ausführenden Baufirma lieber z.B. den Einbau von mehr Steckdosen oder andere Fliesen etc., bevor Sie diese auf der Baustelle ohne Nachweis ausführen lassen. Sollten Sie dennoch zusätzliche Leistungen durch Handwerker, die Ihr Vertragspartner beauftragt hat, vertraglich beauftragen, machen Sie dies in Ihrem eigenen Interesse immer schriftlich mit Angebot und korrektem schriftlichen Auftrag.

Erreichbarkeit des Bauleiters

Häufig erlebt man, dass der Bauherr eigentlich gar nicht so genau weiß, wie die einzelnen für sein Bauvorhaben wichtigen Handwerker und Beauftragten zu erreichen sind. Im Vertrag sollte ebenfalls schriftlich festgehalten werden, welche Kommunikationsdaten Ihr Bauleiter hat und zu welchen Zeiten Sie ihn erreichen können. Zusätzlich sollte ein fester Rhythmus für gemeinsame Begehungen Ihrer Baustelle festgelegt sein. Mindestens bei Fertigstellung jeder Leistung bzw. jedes Gewerkes sollte der Bauleiter vor Ort sein, um die Leistung abzunehmen. Diese Termine hat er Ihnen vorher anzukündigen und Ihnen die Frage zu stellen, ob Sie zu dem Termin anwesend sein wollen.

Außerdem macht die Regelung Sinn, dass Sie innerhalb von fünf Tagen auf besonderen Wunsch einen Termin mit Ihrem Bauleiter vereinbaren können. Warum ist das wichtig? Wenn z.B. ein Bauleiter 15 oder 20 verschiedene Bauvorhaben gleichzeitig zu betreuen hat, können Sie sich sicher vorstellen, dass es für ihn kaum möglich ist, alles korrekt zu kontrollieren. Wenn er keine Unterstützung durch eine qualifizierte Vertretung bekommt, ist es ihm kaum möglich, korrekt zu arbeiten. Aus diesem Grund ist es für Sie wichtig, dass Sie diese Leistungen „Erreichbarkeit zum Termin" schriftlich im Werkvertrag vereinbaren. Natürlich wird man nicht extra für Sie den Vertrag neu schreiben, aber eine Anlage zum Werkvertrag kann diese Punkte schriftlich festhalten und als Bestandteil zum Werkvertrag mit aufgenommen werden.

Wenn der Bauleiter ausfällt

Was passiert, wenn der Bauleiter während Ihrer Bauphase völlig ausfällt? Zum Thema Ausfall des Bauleiters ist es von besonderer Bedeutung, dass im Hausbauvertrag auch dieser Fall klar geregelt ist. Innerhalb welcher Zeit wird man Ihnen Ihren neuen, dann zuständigen Bauleiter mitteilen, und wie wird Ihnen gegenüber seine Kompetenz sichergestellt bzw. nachgewiesen? Wie ist die korrekte Überwachung Ihres Neubaus während dieser Zeit garantiert, oder wird eventuell sogar überhaupt nicht weiter gebaut bis ein Ersatz gefunden wurde? Das könnte unter Umständen länger dauern und würde somit Ihre vereinbarte Bauzeit negativ beeinflussen.

Ein Beispiel: Sie vereinbaren vertraglich eine Bauzeit von acht Monaten. Im Oktober ist Baubeginn. Nach der Hälfte des Erdgeschossmauerwerks fällt der Bauleiter komplett aus. Es ist jetzt Anfang November. Bis Ihr Vertragspartner einen neuen Bauleiter mit entsprechender Qualifikation als Angestellten gewinnen konnte, vergehen sechs Wochen. Nun ist es mittlerweile schon Mitte Dezember. Das Wetter ist winterlich kalt geworden, es friert und die Temperaturen sind nachts dauerhaft unter fünf Grad Celsius. Bei diesen Temperaturen ist ein Weiterführen der Maurer- oder Betonarbeiten nicht mehr möglich. Weihnachten ist dann schnell vorbei und das Wetter wird langsam besser, aber es ist schon Anfang März, bis auf Ihrer Baustelle weiter gearbeitet werden kann. Sie als Bauherr haben vertraglich acht Monate Bauzeit vereinbart und ebenfalls unterschrieben, dass Sie wissen, dass außerordentliche Witterungsverhältnisse und Feiertage zu der vereinbarten Bauzeit von acht Monaten hinzugerechnet werden. Das bedeutet, Ihr Termin zur Fertigstellung im Mai (acht Monate nach Beginn der Arbeiten) wird auf keinen Fall gehalten werden können. Hätte Ihr Bauvorhaben nicht den bedingten Stillstand von sechs Wochen gehabt, weil das Unternehmen einen neuen Bauleiter suchen musste, wäre Ihr Haus zum Termin fertiggestellt worden. Sie haben keinen Anspruch auf Schadenersatz oder sonstige Vergünstigungen. Das Bauunternehmen, Ihr Vertragspartner, ist offiziell nicht in Verzug gekommen mit der Bauzeit, weil vertraglich geregelt wurde, dass witterungsbedingte Ausfälle, die Weihnachtszeit und Feiertage nicht in die garantierte Bauzeit fallen. Deshalb sichern Sie sich vertraglich hier ab und lassen Sie sich nicht auf mündliche Aussagen ein wie z.B.: „Oh da brauchen Sie keine Bedenken haben, das hat es bei uns noch nie gegeben".

Termine mit dem Bauleiter

Für Sie als Bauherr ist es sehr wichtig, feste Regeln und Termine in der Bauphase mit den Vertretern Ihres bauausführenden Unternehmens zu haben. Nichts ist schlimmer als dauerhafte Ungewissheit, keine Erreichbarkeit oder das Gefühl, nie zu wissen, wann Termine stattfinden. Deshalb vereinbaren Sie schriftlich in Ihrem Werkvertrag, dass es regelmäßige Termine, z.B. mindestens alle 14 Tage und zusätzlich bei Abnahme jedes Bauabschnittes, mit dem Bauleiter und Ihnen an Ihrem Neubau geben wird. Natürlich müssen Sie von Ihrem Bauleiter zusätzlich informiert werden, wenn darüber hinaus noch Bauabschnitte für Sie von Bedeutung sind, die durch den Bauleiter abgenommen oder mit Ihnen besprochen werden müssen. Denn Sie müssen immer die Möglichkeit haben teilzunehmen.

Ebenfalls muss es Ihnen ermöglicht werden, bei Bedarf einen Termin mit dem Bauleiter vor Ort vereinbaren zu können. Mündlich wird man Ihnen in jedem Fall sagen, dass dies normal ist, aber achten Sie darauf, dass dies auch schriftlich fixiert wird. Ich habe Bauherren schon oft über ihre Verzweiflung berichten hören, dass sie händeringend versuchten, ihren Bauleiter zu erreichen, der aber nicht ans Telefon geht, keine E-Mails beantwortet oder sich erst nach Tagen zurückmeldet. Dieser Zustand bringt Bauherren zur Verzweiflung. Tagelang beschäftigt sie der Gedanke, den sie mit dem Bauleiter besprechen wollten und die Sorge, dass mit ihrem Hausbau etwas nicht in Ordnung ist, wächst. Sie können sich nicht mehr auf die Tätigkeiten, die in Ihrem Arbeitsalltag erledigt werden müssen, konzentrieren und machen sich zudem noch Sorgen, ob eventuell sogar mit Ihrem Vertragspartner etwas nicht stimmt. Wenn Sie sich diesen Teil der Sorge ersparen wollen, vereinbaren Sie zur Sicherheit im Werkvertrag bereits klare Bedingungen. Wenn ein Unternehmen diese Vorgehensweise als selbstverständlich erachtet, spricht nichts dagegen, es in der Bauleistungsbeschreibung oder im Werkvertrag schriftlich zu fixieren.

Protokoll der Baustellentermine mit dem Bauleiter

An jedem Termin, den Sie mit Ihrem Bauleiter auf Ihrer Baustelle haben, muss ein schriftliches Protokoll geführt werden. Es sei denn, Sie treffen sich zufällig und es gibt keine Ihren Bau betreffenden Absprachen oder Kontrollen bezüglich der Ausführung. Das Protokoll sollte durch den Bauleiter angefertigt und von Ihnen und dem Bauleiter unterschrieben werden. Eine Kopie anzufertigen ist auf der Baustelle immer schwierig. Deshalb rate ich Ihnen, jeweils mit Block und Stift zu Ihrer Baustelle zu gehen. Schreiben Sie die schriftlichen Ausführungen, die sich der Bauleiter macht, mit auf. So können Sie bereits vor Ort dafür sorgen, dass Sie und der Bauleiter die gleichen Inhalte schriftlich haben und beide Parteien sich diese gegenseitig abzeichnen – natürlich mit Unterschrift und Datum. Eine Ausfertigung ist für Ihre Unterlagen und eine für das ausführende Unternehmen. Diese Vorgehensweise ist kein Misstrauen, sondern sichert beide ab. Selbst wenn Ihnen zu einem späteren Zeitpunkt das vom Bauleiter angefertigte „Original-Protokoll" ausgehändigt wird, haben Sie ein ganz persönliches Kontrolldokument.

Ein Bauleiter hat mehrere zu betreuende Bauprojekte. Da kann es durchaus passieren, dass etwas in Vergessenheit gerät. Das sollte zwar nicht sein, aber er ist auch nur ein Mensch und kann eben auch Fehler machen. Fällt der Bauleiter über einen längeren Zeitraum aus, etwa durch Krankheit oder Ähnliches, kann es passieren, dass Sie über den vergangenen Termin keine schriftliche Ausfertigung bekommen haben oder viel zu spät. Schließlich muss Ihr Bauvorhaben ja weitergehen. Deshalb mein Vorschlag: Machen Sie sich die Mühe und schreiben Sie mit. So können Sie dieser Problematik im Vorfeld aus dem Weg gehen. Besonders bei kleineren Bauunternehmen wird das Führen eines korrekten Protokolls oft vernachlässigt. Gründe dafür kann es viele geben. Für Sie ist das in jedem Fall nicht zu akzeptieren. Bestehen Sie darauf. Sollten Komplikationen auftreten, werden Sie für Ihr eigenes Protokoll noch dankbar sein. Als Protokoll reicht es, wenn Sie in Stichpunkten (Punkt 1., Punkt 2. etc.) die einzelnen Themen kurz aufschreiben und die gemeinsame Lösung, die Sie und der Bauleiter vereinbart haben, zu jedem Punkt dazuschreiben. Achten Sie auch darauf, dass es in einer für alle lesebaren Handschrift geschrieben wird.

Während des Baus

Los geht's!

Fotos dürfen nicht fehlen

Fotos als Beweis: Bei jedem Bautenstand, also der derzeitige Stand Ihres Bauobjektes, und der Besichtigung durch den Bauleiter, müssen unbedingt Fotos angefertigt werden. Dies sollte im Hausbauvertrag ebenfalls schriftlich festgelegt werden. Die Fotos müssen Ihnen nicht unbedingt zur Verfügung gestellt werden. Allerdings ist es ratsam, bei Ihren Vertragsverhandlungen danach zu fragen. Seien Sie ruhig offensiv mit der Frage, ob das im Vertrag mit aufgenommen wird.

Ein Protokoll mit den Inhalten und Ergebnissen der Baustellentermine mit Ihrem Bauleiter wollen Sie in jedem Fall im Vertrag verankert haben, da müsste es möglich sein, auch die Fotos der Termine für Ihre Unterlagen zu erhalten. Sie dienen dem Bauleiter als Nachweis seiner korrekt ausgeführten Arbeit. Das ist ein gemeinsames Interesse. Der Bauleiter hat für das ausführende Unternehmen die Aufgabe, Ihren Hausbau zu koordinieren und für eine saubere Ausführung und den Bauablauf zu sorgen. Sie als Bauherr können natürlich auch Ihre eigenen Fotos anfertigen. Das würde ich Ihnen in jedem Fall empfehlen. Allerdings ist es nicht erforderlich, z.B. beim Rohbau jeden Stein zu fotografieren, an dem eine kleine Ecke rausgebrochen ist. Das ist vollkommen normal und wird später wieder korrigiert. Machen Sie sich hier keine Sorgen. Wichtig hingegen sind z.B. Fotos vom Einbau der Mehrspartenhauseinführung in der Bodenplatte oder den verlegten Fliesen oder dem Einbau der Treppe. Begehen Sie Ihre Baustelle in Ruhe und aufmerksam. Wenn Ihnen etwas nicht ordentlich, defekt oder unklar vorkommt, fotografieren Sie es. Melden Sie sich anschließend bei Ihrem Bauleiter und fragen ihn danach. Wenn Sie Fotos haben, können Sie ihm diese zusenden. Der Bauleiter kann sich so vorbereiten und hat eine Gesprächsgrundlage für Ihren nächsten Termin.

Sie können mit eigenen Fotos nie etwas falsch machen. Im schlimmsten Fall ist eine Bilddokumentation Ihres Hausbaus eine wunderschöne Erinnerung für spätere Zeiten. Gönnen Sie sich zu Beginn der Bauphase einen Fotoapparat oder ein Smartphone mit guter Kamera. Sie benötigen viele Bilder für Ihr Bautagebuch, später sind Sie dann auch für gemütliche Abende mit Freunden bestens ausgerüstet.

Schriftlich fixiert

Alle Abreden bzw. Absprachen, die Sie mit dem Bauleiter und/oder der ausführenden Firma treffen, müssen schriftlich festgehalten werden. Mein dringendes Anraten an Sie ist: Treffen Sie keine mündlichen Absprachen. Sollten Sie in die Situation kommen, dass sich gestritten wird oder Unklarheiten beseitigt werden müssen, hat eine mündliche Abrede keinen rechtlichen Anspruch und Bestand. Es muss alles schriftlich festgehalten werden. Auch ein Beweis mit Zeugen stellt sich immer als sehr schwer dar. In jedem Werkvertrag steht mit Sicherheit „mündliche Absprachen und Nebenabreden gelten nicht als vereinbart". Was nichts anderes bedeutet, als dass Sie alles schriftlich festhalten müssen. Wenn Sie also Vereinbarungen oder Absprachen im Nachhinein auf der Baustelle mit einem Vertreter Ihres Vertragspartners treffen, müssen diese von Ihnen und einem Vertreter der ausführenden Baufirma unterschrieben und durch die Geschäftsleitung schriftlich bestätigt werden. Veränderungen und Abreden können unter anderem Änderungen der Bauausführung sein oder Änderungen bestehender Terminvereinbarungen zu Fristen bezüglich der im Werkvertrag vereinbarten Regelungen. Auch hier ist nicht gesagt, dass Sie jemals auf Konflikte stoßen werden, aber für den Fall der Fälle sind Sie auf der sicheren Seite.

Welche Konsequenzen das haben könnte, habe ich in einem Fall erlebt. Der Bauherr hatte sich mündlich mit dem Bauleiter geeinigt, dass die Bauzeit mit Fertigstellungstermin um vier Wochen verkürzt würde. Dieser teilte dem Bauherrn mit, dass er seine Wohnung um diese Zeit vorzeitig kündigen kann. Gesagt getan. Allerdings wurde weder ein schriftliches Protokoll vom Bauleiter angefertigt noch hat sich der Bauherr bei der Unternehmensführung selbst von der Richtigkeit der Aussage erkundigt. Seit Monaten kannte der Bauherr seinen Bauleiter nun schon und vertraute seinen Worten. Dem Bauleiter sei an dieser Stelle nicht unterstellt, dass er diese Äußerung wissentlich falsch getätigt hat. Mit Sicherheit glaubte er zu diesem Zeitpunkt selbst, dass der Einzugstermin vorgezogen werden konnte. Der Bauherr freute sich und kündigte sein Mietverhältnis. Je näher der Termin des Einzugs rückte, umso unsicherer wurde er, weil es einfach nicht entsprechend schnell am Bau weiterging. Immer wieder machte er den Bauleiter auf den anstehenden Einzugstermin aufmerksam. „Das haben Sie uns doch so zugesagt!" Richtig, nur gesagt, nicht geschrieben. Der Bauleiter vermied es, das Thema konkret zu besprechen. Nachdem nun der Bauherr drei Wochen vor dem avisierten Fertigstellungszeitpunkt sich nicht mehr anders zu helfen wusste, als bei der Unternehmensführung selbst nachzufragen und auch die Brisanz der Situation darzustellen, gab es ein böses Erwachen. Das bauausführende Unternehmen wies ihn auf den vertraglich vereinbarten Fertigstellungstermin hin und erklärte ihm, dass es sich lediglich um mündliche Aussagen gehandelt haben muss. Man würde mit dem Bauleiter das Thema klären und dem Bauherren dann schriftlich Bescheid geben. Per Post wurde ihm mitgeteilt, dass der Bauleiter diese Aussage so nie getroffen habe und das Unternehmen zum vertraglich vereinbarten Termin fertigstellen würde. Man wies ihn ebenfalls schriftlich darauf hin, dass alle Abreden und Absprachen, die mündlich getroffen werden, vertraglich nicht Bestandteil und deshalb nicht bindend sind. Fazit für den Bauherrn war neben einer enormen Wut und Verzweiflung, dass er sein Mietverhältnis nicht verlängern konnte. Die Wohnung war bereits neu vermietet. Er musste seine Möbel einlagern und für die restliche Bauzeit mit seiner Familie in einem günstigen Hotel wohnen. Rechtlich hatte er keine Möglichkeit, seinen finanziellen Schaden geltend zu machen. Deshalb rate ich Ihnen dringend zur schriftlichen Dokumentation.

Wenn es am Bau nicht weitergeht

Wenn Sie aus Ihrem Bauablaufplan ersehen können, dass der Baufortschritt nicht eingehalten wird und Sie dafür keine Information oder Erklärung der bauausführenden Unternehmung bekommen haben, müssen Sie aktiv werden. Achten Sie darauf, dass Sie alle Fragen hierzu vorerst schriftlich verfassen und der Baufirma zustellen. Es gilt auch hier: Reden reicht nicht. Greifen Sie also nicht zum Telefonhörer, sondern zum Kugelschreiber bzw. zum Computer und halten Sie alles schriftlich fest.

Richten Sie Ihre Fragen direkt an die Geschäftsleitung des ausführenden Unternehmens. Setzen Sie für die Beantwortung Ihrer Fragen einen festen Termin mit genauem Datum und der Aufforderung, Ihre Fragen bis dahin schriftlich beantwortet haben zu wollen. Sollte innerhalb dieser Frist keine Antwort in schriftlicher Form bei Ihnen eingegangen sein, schreiben Sie erneut. In Ihrem neuen Schreiben sollten Sie auf Ihr letztes Schreiben und das Datum der gesetzten Frist zur Beantwortung hinweisen. Erneut setzen Sie jetzt eine letzte Frist zur Beantwortung (acht Tage ab Datum des Schriftstücks) und betonen schriftlich, dass Sie ab Datum Ihres jetzigen Schreibens die bauausführende Unternehmung „in Verzug setzen". Zur Weiterführung der Arbeiten, die gemäß Ihrem Bauablaufplan zu erfolgen hätten, setzen Sie ebenfalls eine Frist, z.B. innerhalb 14 Tage.

Dann müssen die Arbeiten wieder aufgenommen sein und somit weiter gearbeitet werden. Die Frist zur Wiederaufnahme der Arbeiten muss realistisch sein. Unrealistisch ist z.B. einen Brief freitags abzusenden und eine Frist bis zur Weiterführung der Arbeiten bis Sonntag zu setzen. Bei Frost und Schnee mit gewissen Temperaturen kann z.B. kein Dach gedeckt werden, bedenken Sie auch solche Umstände in Ihrer Fristsetzung. Unter einer angemessenen Frist versteht sich, dass das Unternehmen unter normalen Bedingungen auch in der Lage sein sollte, die Arbeiten ausführen zu können. Sie setzen das Unternehmen mit diesem Schreiben in Verzug. Wenn die Fristen verstreichen, ohne dass weitergearbeitet wird oder das Unternehmen Ihnen nicht antwortet, gehen Sie bitte umgehend zu einem Rechtsanwalt mit Fachgebiet Baurecht. Eine Information, was hier die richtige weitere rechtliche Vorgehensweise ist, sollten Sie sich in diesem Fall sofort einholen.

Freitag reicht nicht

Wenn Ungereimtheiten auftreten oder Sie etwas festgestellt haben, was Sie beunruhigt, warten Sie nicht bis Ende der Woche ab und hoffen darauf, dass sich bis Freitag schon was geändert haben würde. Rufen Sie Ihren Bauleiter an und vereinbaren Sie mit ihm einen Termin. Klären Sie, wenn möglich, schon am Telefon Ihr Problem und fragen ihn, wann was zur Lösung Ihres Problems getan werden soll. Wenn Sie dies nicht machen, sondern abwarten, könnte der Verlauf z.B. so sein: Es geschieht z.B. von Montag bis Freitag nichts. Sie warten und hoffen also erst einmal geduldig und gut erzogen bis Freitag Nachmittag. Dann reicht es Ihnen, Sie sind wütend. Was vereinbart war und getan werden sollte, ist nicht geschehen. Dann rufen Sie den Bauleiter an und erreichen ihn nicht. Was passiert jetzt? Sie rufen garantiert alle Nummern an, die Sie haben, und werden keinen erreichen. Ihre Sorgen verselbstständigen sich, und Ihr Unmut, auch darüber, dass Sie niemanden erreichen, wächst. Also schreiben Sie E-Mails in der Erwartung, dass Sie eine Antwort bekommen. Und so geht es weiter und ein Wochenende voller Bauchschmerzen liegt vor Ihnen. Bis zum darauf folgenden Montag liegen Ihre Nerven blank, vielleicht ist sogar Ihr Vertrauen in die von Ihnen beauftragte Firma erschüttert. Ersparen Sie sich diese nervliche Belastungsprobe.

Das geht auch besser: Melden Sie sich bereits mittwochs, und stellen Sie Ihre Fragen an den Bauleiter. Die Freitagskrise ist sonst vorprogrammiert.

Es ist vollkommen natürlich, dass Bauherren in der Bauphase emotional sehr schnell angespannt sind. Hier können Sie sich wirklich selbst helfen, indem Sie meinen Rat beherzigen und sich wegen etwaiger Unstimmigkeiten frühzeitig beim Bauunternehmen melden. Denn freitags gilt: In der Regel wird die Woche abschließend besprochen, die nächste Woche vorausgeplant und die noch restlichen Arbeiten aus der vorausgegangenen Arbeitswoche werden bis zum Wochenende erledigt. Daher ist Freitag ein denkbar schlechter Tag, um jemand zu erreichen.

Rechtsanwalt nötig

Der Wunsch und das Ziel eines jeden Bauherren ist, sein Bauvorhaben ohne die Notwendigkeit eines Rechtsanwalts realisieren zu können. Sollte es aber dennoch zu einer für Sie nicht tragbaren Situation kommen, gehen Sie trotzdem zu einem Rechtsanwalt für Baurecht. Eine finanzielle Rücklage für diesen Fall kann ich Ihnen nur empfehlen. Kalkulieren Sie zum Zeitpunkt der Finanzierung dieses Budget also lieber mit ein. Schaffen Sie sich einen Puffer von 3.000 Euro bis 5.000 Euro. Wenn Sie das Geld nicht benötigen, und das wünscht man sich schließlich, finden Sie sicherlich auch eine andere Verwendung dafür. Sie haben die Möglichkeit, es wieder als Sondertilgung in Ihre Finanzierung einzuzahlen oder sich noch zusätzliche Wünsche zu erfüllen.

Niemand wünscht sich, sein Geld zum Rechtsanwalt bringen zu müssen, aber sicher ist sicher. Lieber einmal zu früh zum Anwalt gegangen als einmal zu spät. Je nachdem wie schwerwiegend sich die Situation bei Ihrem Bauvorhaben darstellt, ist das Risiko durch nicht genaue Kenntnis der Rechtslage Fehler zu machen, die Sie als Bauherr teuer zu stehen kommen können, sehr groß. Meistens kosten diese Fehler deutlich mehr als die Gebühren des Rechtsanwalts. So ist z.B. eine übereilte Kündigung unter nicht genauer Kenntnis der Rechtslage ein fataler Fehler. Ihr Bauvorhaben darf nicht weitergebaut werden bis die Rechtslage geklärt ist, und Sie müssen im Zweifelsfall sogar noch Schadenersatz an Ihren Vertragspartner bezahlen.

Einsparung durch spätes Bezahlen der Rechnungen

Auch die Bauherren selbst verursachen oftmals eine Verzögerung der Bauzeit. Ein Trugschluss ist es, die Rechnung des Bauunternehmens erst verspätet zu zahlen und zu glauben, dies habe keine Auswirkungen auf die Bauzeit. Wenn alles an Ihrem Bauvorhaben korrekt ausgeführt und in Ordnung ist, die Leistung vom Bauleiter abgenommen und schriftlich mit Ihnen festgehalten und bestätigt wurde, wird Ihnen die Rechnung für diesen Bauabschnitt von Ihrem beauftragten Vertragspartner zugesandt. Wenn Sie diese Rechnung nicht umgehend innerhalb der erlaubten Frist bezahlen, werden die Arbeiten an Ihrem Bauvorhaben nicht weitergeführt. Die bauausführenden Unternehmen gehen bei jedem Bauvorhaben mit Material und Lohn für jeden Bauabschnitt in Vorleistung. Die Unternehmen achten sehr genau darauf, dass sie nicht zu weit in Vorleistung gehen. Das ist auch vollkommen verständlich und richtig so. Wenn ein Unternehmen nicht darauf achten würde, müsste man sich eher Gedanken machen. Die Unternehmen haben mehrere Bauvorhaben gleichzeitig auszuführen. Wenn bei jedem Bauvorhaben nicht darauf geachtet würde, kommt in kürzester Zeit eine enorme Summe an Vorleistung zusammen. Dies kann ein Unternehmen schnell in Probleme führen. Also ist es logisch, dass sich verspätete Zahlungen der Bauherren immer negativ auf die Bauzeit auswirken. Wenn eine korrekte Leistung erbracht wurde, sollte auch korrekt gezahlt werden. Das, was Sie erwarten, sollten Sie auch im Gegenzug bereit sein, selbst zu leisten. In jedem Fall ist es ein Irrtum, wenn Sie glauben durch spätes Bezahlen der Rechnungen Einsparungen zu erzielen. Eine selbst verschuldete Verlängerung der Bauzeit kostet Ihr Geld (Zinsen, Miete etc.).

Bauunternehmen entsorgt den Bauschutt

Im Hausbauvertrag oder der Bauleistungsbeschreibung muss klar schriftlich fixiert sein, wer und wann den entstandenen Bauschutt entsorgen wird. Sie haben bestimmt nicht vor, eine Baustelle voller Bauschutt rund ums Haus zu bekommen. Es ist vollkommen normal, dass Materialien und Baureste während der Bauphase anfallen. Es ist auch normal, dass diese nicht alle sofort entfernt werden, aber ein Bauschuttcontainer muss vorhanden sein. In ihm wird der gesamte angefallene Bauschutt gelagert. So ist gewährleistet, dass Ihre Baustelle immer in einem angemessen aufgeräumten Zustand ist. Sie werden beobachten, wie schnell sich ohne einen solchen Container der Bauschutt auf wundersame Weise vermehrt. Das geschieht häufig über Nacht. Bei schlechten Witterungslagen (Sturm etc.) verteilt sich der Bauschutt schnell über Ihr Grundstück und das des Nachbarn. Deshalb sollte der Bauschuttcontainer mit einem Netz abgedeckt werden. Der umherfliegende Bauschutt stellt ein Sicherheitsrisiko dar. Kommt es hier zu einem Unfall, haften Sie als der Bauherr. Deshalb ist es wichtig zu regeln, wer den Müll entsorgt und wann dies zu geschehen hat, nicht erst am Ende der Bauphase.

Betreten der Baustelle durch Bauherren

Das Recht, Ihre eigene Baustelle betreten zu können, wann immer Sie als Bauherr es wünschen, ist nicht selbstverständlich. Achten Sie darauf, dass in Ihrem Hausbauvertrag Regelungen getroffen sind, die es Ihnen frei auf eigene Gefahr und Verantwortung erlauben, Ihre Baustelle zu betreten. Das Hausrecht klärt diese Themen. Sie haften für sich selbst. Das bedeutet, wenn Sie z.B. beim Rundgang über Ihre Baustelle stolpern und sich einen Fuß brechen, ist dies Ihre eigene Schuld und Sie haften selbst dafür. Eine Haftung des bauausführenden Unternehmens ist hier natürlich ausgeschlossen. Die Firma haftet lediglich für die eigenen Handwerker. Vergibt ein Unternehmen Aufträge weiter an sogenannte Subunternehmer, haften auch diese selbst für sich und Ihre Handwerker. Also müssen Sie auch für sich selbst haften.

Allerdings gibt es auch Hausbauverträge, in denen es den Bauherren untersagt ist, die Baustelle ohne Begleitung des Bauleiters oder eines Vertreters der ausführenden Firma zu betreten. Wenn Ihnen solch ein Vertrag zur Unterschrift geboten wird, sollten Sie sich nach einem anderen Unternehmen als Partner für Ihren Hausbau umschauen. Es kann nicht sein, dass Sie Ihre eigene Baustelle nicht auf eigenes Risiko betreten dürfen. Schließlich sind Sie Eigentümer des Grundstücks und aller bis dahin verbauten Materialien. Es ist allerdings mittlerweile eher selten geworden, dass es noch Verträge gibt, die dies untersagen. Gut so!

Leistung nicht erfolgt, aber schon gezahlt

Achten Sie darauf, dass alle Leistungen, die Ihnen von der Hausbaufirma berechnet werden, vorher auch erbracht sein müssen. Nach erbrachter Leistung muss diese durch den Bauleiter abgenommen und dokumentiert werden. Erst wenn alles in Ordnung ist, können Sie die Rechnung bedenkenlos bezahlen. Damit Sie einen störungsfreien Bauablauf erhalten, sollten Sie diese Rechnungen nach inhaltlicher Prüfung, ob sie dem vereinbarten Zahlungsplan entsprechen und die Leistung korrekt abgenommen ist, dann aber auch bald bezahlen.

Handwerker verstehen die Landessprache nicht

Es kommt durchaus häufiger vor, dass die Handwerker unsere Landessprache nicht verstehen. Vereinbaren Sie in Ihrem Hausbauvertrag mit der bauausführenden Firma, dass Ihr Ansprechpartner, der Bauleiter, Ihrer Landessprache in Wort und Schrift mächtig ist. Sollte er der einzige Ansprechpartner sein, der Sie versteht, muss gewährleistet sein, dass der Bauleiter in kürzeren Abständen Termine mit Ihnen an Ihrem Bau vereinbart. Immer wenn neue Gewerke oder Handwerker auf der Baustelle sind, sollte er Sie kurz vorstellen und Ihnen erklären, welche Arbeiten von den Handwerkern ausgeführt werden. Auch die Handwerker brauchen eine genauere Betreuung und Einweisung durch den Bauleiter, damit alle Pläne auch richtig verstanden und umgesetzt werden. In Ihrem Werkvertrag sollte dieser Punkt unbedingt schriftlich vereinbart werden. Wichtig ist hierbei, dass man Ihnen garantiert, dass Sie immer einen Ansprechpartner für die Koordination und Überwachung Ihres Bauvorhabens haben, der mit Ihnen in Wort und Schrift kommunizieren kann.

Das mache ich selbst

Eigenleistungen

Eigenleistungen sind handwerkliche Leistungen, die Sie als Bauherr selbst übernehmen und ausführen werden. Diese Leistungen sind normalerweise von der hausbauenden Firma auszuführen und im Vertrag enthalten. Auf Ihren besonderen Wunsch wird schriftlich fixiert, dass diese Leistungen von Ihnen ausgeführt werden. Wenn Sie Eigenleistungen vertraglich vereinbaren, hat dies Auswirkungen für Sie, die Ihnen bewusst sein müssen. Es gibt keine Gewährleistung für Ihre Eigenleistungen. Durch Eigenleistungen wird die vereinbarte Bauzeit zum dehnbaren Zeitraum. Die Bauzeit kann nicht mehr garantiert werden. Ein Neubau wird von Beginn an durch die ausführende Baufirma genau zeitlich geplant. Ein Gewerk setzt auf das andere auf. Manchmal gehen auch die Gewerke zeitgleich ineinander über. Die Gewähr für den zeitlichen Ablauf ist durch Ihre Eigenleistungen für das Unternehmen nicht mehr gegeben und der Fertigstellungstermin nicht garantiert.

Sollten später Mängel auftauchen, die Sie im Rahmen der Gewährleistungshaftung eines durch die ausführende Baufirma beauftragten Gewerkes anzeigen wollen, wird es unter Umständen sehr problematisch, den Nachweis zu erbringen, wo die eigentliche

Ursache liegt und wer die Schuld trägt. Sollte das Gewerk in direktem Zusammenhang mit Ihren erbrachten Eigenleistungen stehen, kann es problematisch werden, den Beweis zu erbringen, dass der Mangel allein durch die Arbeiten des von Ihrem Vertragspartner beauftragten Handwerkers aufgetreten ist. Z.B. das Gewerk Sanitär: Hier gibt es oft den Wunsch der Bauherren, die Installation zwar durch ihren Vertragspartner durchführen zu lassen, aber das Anbringen der Sanitärobjekte, wie Badewanne oder Waschtische, soll in Eigenleistung geschehen. Wenn die Badewanne später einen Mangel aufweist, eventuell undicht ist, wird in der Regel erst einmal versucht, Ihnen das im Zuge der erbrachten Eigenleistungen anzulasten. Sie stehen dann in der Pflicht, den Beweis dagegen zu erbringen. Das kann schwer und auch teuer werden. Ohne Sachverständigen und Rechtsbeistand kommen Sie dann meistens nicht zu Ihrem Recht. Deshalb empfiehlt es sich, nur Eigenleistungen zu erbringen, die mit keinem Gewerk von Ihrem beauftragten Vertragsunternehmen in direktem Zusammenhang stehen.

Materialkosten sparen durch Eigenbeschaffung

Die bauausführenden Unternehmen erhalten durch große Abnahmemengen andere Konditionen als der private Bauherr. Für den Bedarf, den Sie zur Erbringung Ihrer Eigenleistungen haben, können Sie eventuell das bauausführende Unternehmen fragen, ob es möglich ist, das Material über die Baufirma zu beziehen. Wenn das möglich ist, ist es für Sie sicher günstiger, wenn Sie diesen Part beim ausführenden Unternehmen lassen und im Zuge der Vertragsgestaltung vereinbaren, dass Sie als Bauherr auch Ihren Bedarf an Material für die Eigenleistung über das ausführende Unternehmen mit einkaufen können, z.B. wenn Sie Steine für den Bau Ihrer Garage in Eigenleistung benötigen. Eine beliebte Eigenleistung ist auch der Einkauf von Sanitärobjekten. Hier ist es sehr wichtig, dass Sie mit Ihrer Baufirma klar vertraglich regeln, welche Hersteller akzeptiert werden. Ein Einkauf über ein Auktionsportal im Internet von Produkten, die später kein Installateur einbauen wird und für die er keine Gewähr übernimmt, ist sicher die falsche Wahl. Wenn Sie die Möglichkeit haben, Ihr Material für die Eigenleistungen über Ihre hausbauende Firma zu beziehen, muss das natürlich zu deren Konditionen geschehen. Verhandlungsspielraum gibt es dann natürlich nicht. Eigenleistungen, die immer möglich sind und deshalb im Leistungsumfang der hausbauenden Firmen meistens nicht angeboten werden, sind das Tapezieren und die Bodenbelagsarbeiten wie z.B. von Laminat oder Teppichböden.

Eigenleistungen realistisch eingeschätzt

Schätzen Sie Ihre zu erbringenden Eigenleistungen realistisch ein. Ihr Ziel, ein Haus zu bauen, hängt im Wesentlichen davon ab, dass Sie Ihr Einkommen im Beruf generieren. Wenn dies nicht mehr gewährleistet ist, weil Sie ständig übermüdet, erschöpft, genervt und unkonzentriert sind, wird das sicher Konsequenzen mit sich bringen, die Sie sich nicht wünschen. Prüfen Sie im Vorfeld genau, welche Eigenleistungen aus fachlicher, zeitlicher und körperlicher Sicht für Sie realistisch sind. Planen Sie einen sehr großzügigen zeitlichen Rahmen für Ihre Eigenleistungen ein. Eine Pause müssen auch Sie sich gönnen können. Grippale Infekte oder ein schmerzender Rücken können Ihnen die Notwendigkeit einer Pause deutlich machen. Vergessen Sie nicht, während der Bauphase Zeiten für Familie und Freunde einzuplanen. Führen Sie nur Arbeiten aus, die Sie auch wirklich beherrschen. Die fachliche Ausführung der Eigenleistung ist eine sehr wichtige Komponente. Ihr Haus soll im Idealfall sehr lange halten. Wenn Sie Leistungen erbringen, bei denen Sie sich fachlich nicht sicher sind oder keine Unterstützung von Personen haben, die sich damit sehr gut auskennen, verzichten Sie lieber auf diese Eigenleistungen. Eine unsaubere oder mangelhafte Ausführung kommt Sie später teuer zu stehen.

Eigenleistungen machen Freunde

Wenn Sie Ihren Hausbau mit der Hilfe von Freunden planen, gibt es einiges zu bedenken. Am Anfang ist die Motivation groß, aber oftmals unterschätzt man den kompletten Umfang und den zeitlichen Rahmen. Auch Freunde haben ein Privatleben. So gerne sie Ihnen helfen werden, irgendwann kommt der Zeitpunkt, an dem Konflikte und Unfrieden näher kommen, wenn die Freunde am Wochenende ihren privaten Interessen lieber nachgehen, als bei Ihnen auf der Baustelle zu arbeiten. Die Erwartungen unterscheiden sich auf beiden Seiten. Ihre Freunde wollen Sie nicht enttäuschen und werden eher eine Ausrede erfinden, als zu sagen: „Nein, wir haben im Moment keine Lust." Sie werden, wenn sich diese Aussagen häufen, auf der einen Seite ungehalten sein, weil Sie ja weiterkommen wollen. Auf der anderen Seite aber wollen Sie Ihre Freunde auch nicht drängen, weil Sie ja eigentlich dankbar für die Hilfe sind. Letztendlich müssen Sie dann Ihre geplanten Eigenleistungen wirklich aus eigener Leistung erbringen oder Hilfe durch bezahlte Arbeiter einholen.

Deshalb mein Rat an Sie: Übernehmen Sie sich mit den Eigenleistungen nicht. Planen Sie sehr realistisch und kritisch. Bei Ihrer Planung denken Sie auch an eventuell notwendige Pausen oder krankheitsbedingte Ausfallzeiten. Auch Sie oder Ihre Freunde können z.B. durch eine Erkältung einige Tage ausfallen. Vielleicht gibt es auch stressige Zeiten am Arbeitsplatz und Sie müssen Überstunden machen. Was ich damit sagen möchte, ist, dass Sie, wenn Sie sich Eigenleistungen vornehmen, darauf achten sollten, dass Sie eine sehr großzügige Zeitplanung vorgeben. Dann werden Sie feststellen, was wirklich realistisch an Eigenleistungen möglich ist.

Verletzungsgefahr bei Eigenleistung

Unterschätzen Sie das Risiko nicht, wenn Eigenleistungen durch Ihre Freunde erbracht werden. Ein Unfall auf der Baustelle passiert sehr schnell. In solch einem Fall zerbrechen oft auch die besten Freundschaften. Auch wenn keiner wirklich etwas dafür kann, passiert es. Im schlimmsten Fall wird Ihrem Freund ein bleibender Schaden zugefügt. Klagen, Haftung und Gewissensbisse sind dann Ihre neuen Themen beim Bau. Ganz zu schweigen von den möglichen finanziellen Folgen für Sie. Natürlich sagt man, der Freund habe doch von sich aus helfen wollen; er hat seine Hilfe angeboten. Und auch Ihr Freund wird gesagt haben: „Ach das ist schon okay, da passiert schon nichts." Natürlich ist das wünschenswert und hoffentlich behalten Sie beide Recht. Aber wissen kann es keiner.

Hilfe durch Freunde ist durchaus sehr schön, und meistens geht auch alles gut. Trotzdem ist es wichtig, dass Sie sich mit Ihrem Versicherungsberater über diese geplanten Hilfeleistungen durch Freunde beim Hausbau beraten lassen. Es gibt Möglichkeiten, sich selbst und die helfenden Personen für den Fall eines Unfalls auf Ihrer Baustelle abzusichern. Sprechen Sie die Problematik und die Risiken offen mit Ihren Freunden an und lassen Sie sie gegebenenfalls bei dem Gespräch mit Ihrem Versicherungspartner anwesend sein. Auf diese Art werden Ihre Freunde auf die Risiken aufmerksam gemacht und zeitgleich wissen Ihre Freunde auch, dass Sie sich über diese Situationen Gedanken machen. Es ist Ihnen wichtig, Ihre Freunde bestmöglich abzusichern. Auf diese Weise zeigen Sie, wie wertvoll Ihre Hilfe für Sie ist. Aber über die genaue Vorgehensweise werden letztendlich Sie und Ihre Freunde entscheiden.

Versicherung nötig

Sie als Bauherr haben auch Pflichten. Diesem Thema sollten Sie sich mit besonderer Sorgfalt widmen. Informieren Sie sich in Ihrem Werkvertrag darüber, welche Absicherungen von Ihnen erwartet werden. Ihr privater Betreuer für den Bereich Versicherung hilft Ihnen weiter. Besprechen Sie mit ihm, welche Versicherungen Sie für die Zeit der Bauphase abschließen müssen, und welche Bedeutung die jeweilige Versicherung für Sie hat. Bauherrenhaftpflicht, Feuerrohbauversicherung etc. sind einige Versicherungen, die Sie abschließen müssen. Informieren Sie sich eingehend über die von Ihnen erwartete Absicherung während der Bauphase, und besprechen Sie mit Ihrem Versicherungsbetreuer die weiteren Möglichkeiten der Absicherung, wenn Sie Eigenleistungen an Ihrem Hausbau einplanen. Auch die helfenden Freunde sind in diesem Gespräch ein wichtiges Thema. Die Absicherung Ihres Rohbaus mit der sogenannten Rohbauversicherung während der Bauphase kostet meistens nichts, wenn die Versicherer anschließend die Gebäudeversicherung Ihres Wohnhauses erhalten. Ihr Versicherungsberater kann Ihnen hier genaue Auskunft über Preis und Leistung geben.

Kontaktdaten Versicherung

_____

_____

_____

_____

_____

_____

_____

_____

_____

_____

_____

Hausbau in der Bauphase!

Hausbau in der Bauphase!

Endabnahme und Einzug

Bauabnahme erst nach Fertigstellung

Warum ich Ihnen hier diesen Hinweis gebe, hat seinen Grund. Ein Bauherr berichtete mir einmal eine unglaubliche, aber wahre Geschichte. Ich konnte es fast selbst nicht glauben. In den letzten Wochen vor der Fertigstellung seines Neubaus gab es schon erhebliche Probleme bei der Ausführung der Bauarbeiten. Die Erreichbarkeit des Bauleiters war denkbar schlecht und die Bauzeit bereits überschritten. Vielleicht haben sich die Bauherren deshalb auch auf diese Abnahme eingelassen. Jedenfalls kündigte der Bauleiter seinen Abnahmetermin bei den Bauherren für 16 Uhr an. Gegen 18 Uhr meldete sich der Bauleiter telefonisch und teilte mit, er habe einen längeren Termin gehabt, aber er wäre gegen 19 Uhr bei den Bauherren. Zu dieser Jahreszeit war es nur leider um 19 Uhr bereits komplett dunkel. Mängel, die die Bauherren bereits am Außenputz und an den Außenfensterbänken gesehen hatten, konnten überhaupt nicht mehr besichtigt werden. Ebenso sollten einige Mängel am Innenputz und an den Fensterscheiben begutachtet werden. Auch die konnten aufgrund der Dunkelheit nicht mehr gesehen werden. Nachdem die Abnahme trotzdem erfolgte, fragten die Bauherren, ob es dann noch einen zweiten Termin geben würde oder wie es mit den festgestellten Mängeln an Außenputz, Außenfensterbänken und an der Verglasung der beiden Fenster aussehen würde. Der Bauleiter füllte stoisch das Abnahmeprotokoll aus, ließ es sich von den Bauherren unterschreiben, kündigte aber an, dass er sich in den nächsten Tagen zwecks eines zweiten Termins zur Besichtigung der besagten Beanstandungen melden würde. Für den heutigen Tag habe das aber keine Bedeutung, weil es sich ja nur um Kleinigkeiten handelt, die den Einzug nicht gefährden würden. Sie dürfen raten: Natürlich hat sich der Bauleiter anschließend nicht mehr gemeldet. Auf Nachfragen der Bauherren bei dem beauftragten Unternehmen bekamen sie lediglich die Auskunft, dass die Abnahme gemäß Abnahmeprotokoll doch bereits erfolgt sei und hier wären keine Mängel aufgeführt.

Also gilt für Sie, damit Ihnen so etwas nicht passiert, in jedem Fall die Bauabnahme erst nach Fertigstellung und bei Tageslicht erfolgen zu lassen. Natürlich muss alles geprüft werden. Der Hinweis bei Tageslicht bezieht sich auf bessere Sicht auf z.B. Fensterverglasung (Kratzer im Glas). Dies kann man z.B. nur bei Tageslicht wirklich erkennen. Es macht auch Sinn, vorher alle Fenster zu reinigen. Eine gute Beleuchtungssituation ist für die Endabnahme wichtig. Man sollte alles genau sehen können.

Handwerkern nicht den Zutritt verweigern

Wenn es bei Ihrem Bauvorhaben bereits so große Diskrepanzen gibt, dass es für Sie sogar denkbar ist, die Handwerker zur Mangelbehebung nicht mehr ins Haus zu lassen, müssen Sie unbedingt Kontakt zu einem Rechtsanwalt für Baurecht aufnehmen. In jedem Fall ist es rechtlich nicht so einfach in Ordnung, wenn Sie den Handwerkern den Zutritt zu Ihrer Baustelle verweigern. Wenn Handwerker des Bauunternehmens Arbeiten zur erforderlichen Mangelbehebung am Bau Ihres Hauses ausführen wollen, lassen Sie die Handwerker rein und die Arbeiten durchführen. Es besteht ein Recht auf Seiten des Bauunternehmens, dass Mangelbehebung durchgeführt werden darf, ja sogar soll. Das Bauunternehmen hat das Recht auf Behebung der ihm angezeigten Mängel innerhalb einer bestimmten, angemessenen Frist. Mangelbehebung innerhalb von 14 Tagen und das zweimal ist rechtlich in Ordnung. Auch wenn Sie sich geärgert haben, sollten Sie auf keinen Fall z.B. das Schloss der Haustür auswechseln oder die Handwerker nicht ins Haus lassen. In den Fällen, wenn Sie kein Vertrauen mehr in die Handwerksunternehmen oder Ihre bauausführende Firma haben, suchen Sie sofort Kontakt zu einem Rechtsanwalt für Baurecht und beauftragen Sie ihn, Ihre Interessen zu vertreten.

Einziehen erst nach Fertigstellung

Ihr Einzug inklusive allen Mobiliars darf erst nach erfolgter mangelfreier Bauabnahme Ihres Hauses erfolgen. Wenn Sie vorher Ihre Möbel bereits im Haus deponieren – oder auch nur die Umzugskartons – gilt dies im Zweifelsfall als Bauabnahme, weil Sie das Haus ja bereits nutzen bzw. bezogen haben. Ob Sie selbst schon darin wohnen, ist dabei nicht relevant. Oft ist es für Familien aber zwingend, schon einmal einige Gegenstände in das neue Haus zu bringen, da eine längere Einlagerung aus verschiedensten Gründen nicht mehr möglich ist.

Damit Sie zeitlich nicht in Probleme kommen, planen Sie den Umzug eher mit einem größeren Zeitpuffer. Planen Sie diesen Termin so, dass Sie eventuell noch vier Wochen in Ihrer Wohnung wohnen könnten. Wenn dies nicht reichen sollte, gehen Sie in solch einem Fall lieber ein paar Tage zu Eltern, Freunden oder Bekannten. Warten Sie unbedingt immer erst die Abnahme bzw. die mangelfreie Übergabe Ihres Neubaus bis zum Einzug ab. Sollten noch kleinere Restarbeiten bzw. kleinere Mängel beseitigt werden müssen, wird dies schriftlich im Abnahmeprotokoll festgehalten. Der Zeitpunkt der Beseitigung der Mängel und der Erledigung der Restarbeiten muss zeitnah geschehen.

Das bedeutet, lassen Sie sich nicht darauf ein, wenn im Protokoll schlicht „wird beseitigt" steht. Das reicht nicht aus. Ein Termin maximal innerhalb von zehn Tagen nach Abnahme, es sei denn, es ist witterungsbedingt nicht möglich, ist schriftlich im Protokoll mit Angabe des Datums für die Mangelbeseitigung festzuhalten.

„Ach, mach' Sie doch nicht so schlau."
Die Aussage von Hausverkäufern und Vermittlern zu meiner Idee, dieses Buch zu schreiben.

Bettina Heins
Antwort auf diese Aussage:
„DOCH!"

Notizen!

Tipps und Tricks

Wenn das berühmte Kind nun schon in den Brunnen gefallen ist, dann gebe ich Ihnen an dieser Stelle gerne noch ein paar Tipps, wie Sie sich verhalten sollten:

Scheuen Sie sich nicht davor, sich ins Auto zu setzen und einen Überraschungsbesuch im Hauptsitz der ausführenden Firma zu machen und die Geschäftsleitung zu kontaktieren. Warten Sie nicht zu lange, wenn Ihr Bau stillsteht und Ihre Unruhe immer größer wird. Wenn Schreiben und Telefonieren nichts nützen und Sie plötzlich niemanden mehr erreichen, wenn Sie den Eindruck haben, Sie werden immer hingehalten, am Telefon oder vom Bauleiter gibt es keine klare Auskunft über Zeiten und Termine mehr, dann ist der Moment gekommen, wo Sie dringend schriftlich Fristen setzen müssen.

Nein, an dieser Stelle nicht mehr ohne Rechtsanwalt. Die Rechtslage erläutert Ihnen ein Rechtsanwalt für Baurecht. Fangen Sie dann an, Zahlungen an die von Ihnen beauftragte Unternehmung vorsichtig zu behandeln, Rechnungen erst einmal zur Hälfte zu zahlen oder teilweise Beträge komplett zurück zu halten. Sie sollten dann Rechnungen nur noch bezahlen, wenn die Leistung aus diesem Gewerk wirklich ausgeführt wurde und der Bauleiter sie schriftlich abgenommen hat.

Der falsche Entschluss

„Oh Gott, ich baue nie ein Haus"

Nachdem Sie alle Informationen, Tipps, Ratschläge und Vorgehensweisen gelesen und auf sich haben wirken lassen, ist es vollkommen normal und richtig, wenn Sie den Gedanken „Hausbau" mit gesundem Respekt angehen. Ihr erster Gedanke ist wahrscheinlich: „Oh Gott, ich baue nie ein Haus, da kann so viel schief gehen." Nein, das ist die falsche Schlussfolgerung. Dieses Buch dient und hilft Ihnen, mit deutlich mehr Sicherheit in Ihr Projekt „Hausbau" zu starten. Je informierter Sie darüber sind, wie Sie Risiken vermeiden können, je entspannter und sicherer wird Ihr Hausbau realisiert werden. Also nur Mut, Sie schaffen das. Sicher, es wird immer ein wenig Stress geben und Dinge auftauchen, die man später noch einmal überdenkt. Aber das Ziel ist, dass Sie sich ein Eigentum schaffen können, mit Ihren eigenen Mitteln. Gerne begleite ich Sie auf diesem Weg persönlich als Ihr Partner und nicht der Partner der Firma, die Ihr Haus baut. Die Baubranche ist äußerst spannend und ja, gespannt zu betrachten. Als Coach an Ihrer Seite, plane und verhandel ich für Sie Ihren gesamten Hausbau. Ich liefere Ihnen Antworten auf Ihre Fragen, unterstütze Sie bei der Wahl Ihrer Vertragspartner und verhandel die Konditionen für Sie. Sie genießen besondere Vorteile. Ich weiß früh genug, wann was zu tun ist, spreche im Vertrauen mit Ihnen und plane gegebenenfalls die nötigen Schritte und Vorgehensweisen, decke die Fakten auf und zeige Ihnen den richtigen Weg. Auch ich kann Ihnen nicht garantieren, dass es keine Probleme geben wird, aber ich stehe als Partner an Ihrer Seite. Meine Marktkenntnis ist für Sie ein echter Gewinn. Das heißt auch in dem Fall, wenn während Ihrer Bauphase Ungereimtheiten mit der bauausführenden Firma aufkommen. Sollte befürchtet werden, dass es um den Fortbestand Ihrer Vertragspartner nicht gut bestellt ist, wenn die Branche schon munkelt, unterstütze ich Sie mit meinem Wissen. Das Risiko so gering wie möglich für Sie zu halten, hat für mich höchste Priorität.

*Am Ende steht mein Ziel:
Glückliche Bauherren, die mit Freude
und guter Laune in ihr Haus einziehen!*
Bettina Hein

Fazit zu unserem Hausbau!

Fazit zu unserem Hausbau!

Checkliste „Der sichere Weg zum eigenen Haus"

	JA	NEIN
Wollen alle Beteiligten den Hausbau?		
Wurde ein gemeinsamer Wohnort ermittelt?		
Wurde über die Zukunftsplanung gesprochen?		
Haben Sie die Entscheidung ohne Zeitdruck getroffen?		
Ist der Finanzierungsberater Neubau erfahren?		
Wurden mehrere Finanzierungsangebote eingeholt?		
Ist der Finanzierungsberater unabhängig?		
Wird ein Beratungshonorar vom Finanzberater verlangt?		
Wurden die Bau- und Nebenkosten ermittelt?		
Ist die Finanzierung für Sie bequem tragbar?		
Haben Sie noch finanzielle Reserven übrig?		
Haben Sie eine schriftliche Finanzierungszusage?		
Ist Maklercourtage zu bezahlen?		
Wurde das Baugrundgutachten beauftragt?		
Ist geklärt, was auf dem Grundstück gebaut werden kann?		
Ist das Grundstück erschlossen?		
Ist das Grundstück notariell beurkundet „Frei von Altlasten"?		
Notarvertrag: Entwurf 14 Tage vor Beurkundung erhalten?		
Bietet der Hausvermittler nur eine Firma an?		
Kaufen Sie das Grundstück und Haus von einem Anbieter?		
Ist der Planer unabhängig?		

Checkliste „Der sichere Weg zum eigenen Haus"

	JA	NEIN
Haben Sie verschiedene Bauweisen besichtigt?		
Haben Sie einen oder mehrere Musterhausparks besucht?		
Bauen Sie mit Keller?		
Baut Ihr Bauunternehmen auch Keller?		
Wird Ihr Keller bewohnt oder vermietet?		
Wird der Keller nur als Abstell- und Heiztechnikraum genutzt?		
Haben Sie eine Creditreform-Auskunft eingeholt?		
Haben Sie eine Liste aller Kontakte der Ansprechpartner?		
Haben Sie Referenzobjekte besichtigt?		
Bekommen Sie einen Bauzeiten- und Bauablaufplan?		
Bekommen Sie eine garantierte Bauzeit?		
Benötigen Sie ein Mehrspartenhauseinführungs-System?		
Bekommen Sie die Statik ausgehändigt?		
Hat der Bauleiter Qualifikationsnachweise?		
Besichtigt das Bauunternehmen Ihr Grundstück vorher?		
Haben Sie TÜV oder Dekra Angebote eingeholt?		
Beauftragen Sie TÜV oder Dekra?		
Erhalten Sie die Ausführungspläne Ihres Neubaus?		
Haben Sie geklärt, wer die Erdarbeiten beauftragt?		
Wird die Baustelle durch die Baufirma eingerichtet?		
Brauchen Sie ein Wasserstandsrohr für die Bauzeit?		

Checkliste „Der sichere Weg zum eigenen Haus"

	JA	NEIN
Müssen Sie für den Baustrom sorgen?		
Ist eine Baustellen-Toilette vorhanden?		
Ist die Entsorgung des Bauschutts geregelt?		
Haben Sie den Bauvertrag juristisch prüfen lassen?		
Bekommen Sie eine Fertigstellungsbürgschaft?		
Bekommen Sie eine Gewährleistungsbürgschaft für Nachunternehmer übergeben?		
Ist die Erreichbarkeit des Bauleiters geklärt?		
Wird immer ein Protokoll der Baustellentermine mit dem Bauleiter angefertigt?		
Werden die Bauabschnitte mit Fotos dokumentiert und können Sie die Fotos erhalten?		
Haben Sie ein Smartphone mit Kamera oder einen Fotoapparat?		
Haben Sie die Eigenleistungen realistisch ermittelt?		
Haben Sie eine Liste mit allen Kontaktdaten Ihrer Helfer für das Erbringen der Eigenleistungen?		
Haben Sie Ihre Helfer versichert?		
Haben Sie alle erforderlichen Versicherungen für den Hausbau abgeschlossen?		
Haben Sie Ihre Bauleistungsbeschreibung und alle Vertragsunterlagen genau verstanden?		
Haben Sie sich „nicht" unter Druck setzen lassen?		

Sonstiges

Kommunikationsdaten unserer Ansprechpartner

Kommunikationsdaten unserer Ansprechpartner für unser Projekt Hausbau

Grundstücksdaten:

Gemeinde	Gemarkung	Flur	Flurstück	qm	Maklerkosten	Kaufpreis

Grundstück / Eigentümer:

_____
Name / Firma

_____
Ansprechpartner

_____
E-Mail-Adresse

Telefon privat	Telefon dienstlich	Mobil

Straße	Postleitzahl	Ort

Grundstück / Immobilienmakler:

_____
Name / Firma

_____
Ansprechpartner

_____
E-Mail-Adresse

Telefon privat	Telefon dienstlich	Mobil

Straße	Postleitzahl	Ort

Kommunikationsdaten unserer Ansprechpartner

Notar:

_____
Name / Firma

_____
Ansprechpartner

_____
E-Mail-Adresse

_____
Telefon privat   Telefon dienstlich   Mobil

_____
Straße   Postleitzahl   Ort

Baugrundgutachter:

_____
Name / Firma

_____
Ansprechpartner

_____
E-Mail-Adresse

_____
Telefon privat   Telefon dienstlich   Mobil

_____
Straße   Postleitzahl   Ort

Vermesser:

_____
Name / Firma

_____
Ansprechpartner

_____
E-Mail-Adresse

_____
Telefon privat   Telefon dienstlich   Mobil

_____
Straße   Postleitzahl   Ort

Kommunikationsdaten unserer Ansprechpartner

Kommunikationsdaten unserer Ansprechpartner für die Finanzierung des Hausbau

Finanzierung:		
Institut	KFW-Förderung €	Gesamtfinanzierungssumme €

Kreditinstitut / Bank:

Name / Firma

Ansprechpartner

E-Mail-Adresse

Telefon privat	Telefon dienstlich	Mobil
Straße	Postleitzahl	Ort

KFW / Kreditanstalt für Wiederaufbau:

Name / Firma

Ansprechpartner

E-Mail-Adresse

Telefon privat	Telefon dienstlich	Mobil
Straße	Postleitzahl	Ort

Kommunikationsdaten unserer Ansprechpartner

Hausbank:

___
Name / Firma

___
Ansprechpartner

___
E-Mail-Adresse

___
Telefon privat — Telefon dienstlich — Mobil

___
Straße — Postleitzahl — Ort

Bausparkasse:

___
Name / Firma

___
Ansprechpartner

___
E-Mail-Adresse

___
Telefon privat — Telefon dienstlich — Mobil

___
Straße — Postleitzahl — Ort

Versicherungsgesellschaft:

___
Name / Firma

___
Ansprechpartner

___
E-Mail-Adresse

___
Telefon privat — Telefon dienstlich — Mobil

___
Straße — Postleitzahl — Ort

Kommunikationsdaten unserer Ansprechpartner

Bauphase:		
Institut	KFW-Förderung €	Gesamtfinanzierungssumme €

Bauamt:

_____
Name / Firma

_____
Ansprechpartner

_____
E-Mail-Adresse

_____
Telefon privat   Telefon dienstlich   Mobil

_____
Straße   Postleitzahl   Ort

Katasteramt:

_____
Name / Firma

_____
Ansprechpartner

_____
E-Mail-Adresse

_____
Telefon privat   Telefon dienstlich   Mobil

_____
Straße   Postleitzahl   Ort

Kommunikationsdaten unserer Ansprechpartner

Amt für Liegenschaften:

_____
Name / Firma

_____
Ansprechpartner

_____
E-Mail-Adresse

| Telefon privat | Telefon dienstlich | Mobil |

| Straße | Postleitzahl | Ort |

Kanalamt / untere Wasserbehörde:

_____
Name / Firma

_____
Ansprechpartner

_____
E-Mail-Adresse

| Telefon privat | Telefon dienstlich | Mobil |

| Straße | Postleitzahl | Ort |

Baumarkt / Baufachhandel:

_____
Name / Firma

_____
Ansprechpartner

_____
E-Mail-Adresse

| Telefon privat | Telefon dienstlich | Mobil |

| Straße | Postleitzahl | Ort |

Kommunikationsdaten unserer Ansprechpartner

Bauunternehmen / Vertragspartner / Geschäftsführung:

_____
Name / Firma

_____
Ansprechpartner

_____
E-Mail-Adresse

| _____ | _____ | _____ |
| Telefon privat | Telefon dienstlich | Mobil |

| _____ | _____ | _____ |
| Straße | Postleitzahl | Ort |

Hausverkäufer / Hausvermittler:

_____
Name / Firma

_____
Ansprechpartner

_____
E-Mail-Adresse

| _____ | _____ | _____ |
| Telefon privat | Telefon dienstlich | Mobil |

| _____ | _____ | _____ |
| Straße | Postleitzahl | Ort |

Bauunternehmen / Buchhaltung:

_____
Name / Firma

_____
Ansprechpartner

_____
E-Mail-Adresse

| _____ | _____ | _____ |
| Telefon privat | Telefon dienstlich | Mobil |

| _____ | _____ | _____ |
| Straße | Postleitzahl | Ort |

Kommunikationsdaten unserer Ansprechpartner

Bauleitung:

_____
Name / Firma

_____
Ansprechpartner

_____
E-Mail-Adresse

| Telefon privat | Telefon dienstlich | Mobil |

| Straße | Postleitzahl | Ort |

Architekt / Planer:

_____
Name / Firma

_____
Ansprechpartner

_____
E-Mail-Adresse

| Telefon privat | Telefon dienstlich | Mobil |

| Straße | Postleitzahl | Ort |

Tiefbauunternehmen:

_____
Name / Firma

_____
Ansprechpartner

_____
E-Mail-Adresse

| Telefon privat | Telefon dienstlich | Mobil |

| Straße | Postleitzahl | Ort |

Kommunikationsdaten unserer Ansprechpartner

Vermesser:

_____
Name / Firma

_____
Ansprechpartner

_____
E-Mail-Adresse

Telefon privat	Telefon dienstlich	Mobil
Straße	Postleitzahl	Ort

Kanalbau / Kanalanschluss:

_____
Name / Firma

_____
Ansprechpartner

_____
E-Mail-Adresse

Telefon privat	Telefon dienstlich	Mobil
Straße	Postleitzahl	Ort

Energieversorger / Strom:

_____
Name / Firma

_____
Ansprechpartner

_____
E-Mail-Adresse

Telefon privat	Telefon dienstlich	Mobil
Straße	Postleitzahl	Ort

Kommunikationsdaten unserer Ansprechpartner

Energieversorger / Gas:

_____
Name / Firma

_____
Ansprechpartner

_____
E-Mail-Adresse

_____
Telefon privat   Telefon dienstlich   Mobil

_____
Straße   Postleitzahl   Ort

Telekommunikation / Anschluss:

_____
Name / Firma

_____
Ansprechpartner

_____
E-Mail-Adresse

_____
Telefon privat   Telefon dienstlich   Mobil

_____
Straße   Postleitzahl   Ort

Grundsteuer:

_____
Name / Firma

_____
Ansprechpartner

_____
E-Mail-Adresse

_____
Telefon privat   Telefon dienstlich   Mobil

_____
Straße   Postleitzahl   Ort

Kommunikationsdaten unserer Ansprechpartner

Wasser / Abwasser Behörde Anschluß:

_____
Name / Firma

_____
Ansprechpartner

_____
E-Mail-Adresse

_____ _____ _____
Telefon privat   Telefon dienstlich   Mobil

_____ _____ _____
Straße   Postleitzahl   Ort

Rechtsanwalt für Baurecht:

_____
Name / Firma

_____
Ansprechpartner

_____
E-Mail-Adresse

_____ _____ _____
Telefon privat   Telefon dienstlich   Mobil

_____ _____ _____
Straße   Postleitzahl   Ort

TÜV / Dekra:

_____
Name / Firma

_____
Ansprechpartner

_____
E-Mail-Adresse

_____ _____ _____
Telefon privat   Telefon dienstlich   Mobil

_____ _____ _____
Straße   Postleitzahl   Ort

Kommunikationsdaten unserer Ansprechpartner

Maurer / Vorarbeiter:

Name / Firma

Ansprechpartner

E-Mail-Adresse

| Telefon privat | Telefon dienstlich | Mobil |

| Straße | Postleitzahl | Ort |

Elektriker:

Name / Firma

Ansprechpartner

E-Mail-Adresse

| Telefon privat | Telefon dienstlich | Mobil |

| Straße | Postleitzahl | Ort |

Heizung / Sanitärinstallation:

Name / Firma

Ansprechpartner

E-Mail-Adresse

| Telefon privat | Telefon dienstlich | Mobil |

| Straße | Postleitzahl | Ort |

Kommunikationsdaten unserer Ansprechpartner

Fliesenleger:

_____
Name / Firma

_____
Ansprechpartner

_____
E-Mail-Adresse

_____	_____	_____
Telefon privat	Telefon dienstlich	Mobil
_____	_____	_____
Straße	Postleitzahl	Ort

Trockenbauer:

_____
Name / Firma

_____
Ansprechpartner

_____
E-Mail-Adresse

_____	_____	_____
Telefon privat	Telefon dienstlich	Mobil
_____	_____	_____
Straße	Postleitzahl	Ort

Schreiner:

_____
Name / Firma

_____
Ansprechpartner

_____
E-Mail-Adresse

_____	_____	_____
Telefon privat	Telefon dienstlich	Mobil
_____	_____	_____
Straße	Postleitzahl	Ort

Kommunikationsdaten unserer Ansprechpartner

Zimmermann:

_____
Name / Firma

_____
Ansprechpartner

_____
E-Mail-Adresse

| Telefon privat | Telefon dienstlich | Mobil |

| Straße | Postleitzahl | Ort |

Dachdecker:

_____
Name / Firma

_____
Ansprechpartner

_____
E-Mail-Adresse

| Telefon privat | Telefon dienstlich | Mobil |

| Straße | Postleitzahl | Ort |

Landschaftsgärtner:

_____
Name / Firma

_____
Ansprechpartner

_____
E-Mail-Adresse

| Telefon privat | Telefon dienstlich | Mobil |

| Straße | Postleitzahl | Ort |

Kommunikationsdaten unserer Helfer

Liste und Kommunikationsdaten unserer Helfer für die Eigenleistungen während des Hausbaus

Helfer 1:

_____   _____
Name   Vorname

_____
Bei welchen Arbeiten wird geholfen

_____
E-Mail-Adresse

_____   _____   _____
Telefon privat   Telefon dienstlich   Mobil

_____   _____   _____
Straße   Postleitzahl   Ort

Helfer 2:

_____   _____
Name   Vorname

_____
Bei welchen Arbeiten wird geholfen

_____
E-Mail-Adresse

_____   _____   _____
Telefon privat   Telefon dienstlich   Mobil

_____   _____   _____
Straße   Postleitzahl   Ort

Kommunikationsdaten unserer Helfer

Helfer 3:

_____
Name   Vorname

_____
Bei welchen Arbeiten wird geholfen

_____
E-Mail-Adresse

_____
Telefon privat   Telefon dienstlich   Mobil

_____
Straße   Postleitzahl   Ort

Helfer 4:

_____
Name   Vorname

_____
Bei welchen Arbeiten wird geholfen

_____
E-Mail-Adresse

_____
Telefon privat   Telefon dienstlich   Mobil

_____
Straße   Postleitzahl   Ort

Helfer 5:

_____
Name   Vorname

_____
Bei welchen Arbeiten wird geholfen

_____
E-Mail-Adresse

_____
Telefon privat   Telefon dienstlich   Mobil

_____
Straße   Postleitzahl   Ort

Kommunikationsdaten unserer Helfer

Helfer 6:

Name	Vorname

Bei welchen Arbeiten wird geholfen

E-Mail-Adresse

Telefon privat	Telefon dienstlich	Mobil

Straße	Postleitzahl	Ort

Helfer 7:

Name	Vorname

Bei welchen Arbeiten wird geholfen

E-Mail-Adresse

Telefon privat	Telefon dienstlich	Mobil

Straße	Postleitzahl	Ort

Helfer 8:

Name	Vorname

Bei welchen Arbeiten wird geholfen

E-Mail-Adresse

Telefon privat	Telefon dienstlich	Mobil

Straße	Postleitzahl	Ort

Kommunikationsdaten unserer Helfer

Helfer 9:

_____
Name   Vorname

_____
Bei welchen Arbeiten wird geholfen

_____
E-Mail-Adresse

_____
Telefon privat   Telefon dienstlich   Mobil

_____
Straße   Postleitzahl   Ort

Helfer 10:

_____
Name   Vorname

_____
Bei welchen Arbeiten wird geholfen

_____
E-Mail-Adresse

_____
Telefon privat   Telefon dienstlich   Mobil

_____
Straße   Postleitzahl   Ort

Helfer 11:

_____
Name   Vorname

_____
Bei welchen Arbeiten wird geholfen

_____
E-Mail-Adresse

_____
Telefon privat   Telefon dienstlich   Mobil

_____
Straße   Postleitzahl   Ort

Sachwortregister

Abgaben, 15
Abnahme, 74, 75, 94, 102, 124ff, 126
Abstellraum, 60
AGB's, 48, 51ff
Aktien- und Fondsmarkt, 28
Altlasten, 46ff
Analyse, 47
Anbau, 57
Anliegerstraße, 44
Anschlüsse, 31, 61
Anschlusskosten, 31
Architekt, 19, 42ff, 48, 55, 74, 88
Ausbau, 57, 83
Ausbauhäuser, 56, 57
Ausführungspläne, 76ff
Ausrichtung, 41
Außenanlagen, 31
Außenwände, 60
Ausstattung, 12
BGB, 94
Bank, 25ff, 29
Bauablauf, 92, 106, 109
Bauantrag, 13, 16, 19, 30, 33, 43, 46, 74ff, 77, 87, 89, 90ff
Bauausführung, 32, 53, 57, 99, 107
Baubegleitung, 52
Baudarlehen, 32
Baudienstleistungsanbieter, 87
Baufahrzeuge, 71
Baugenehmigung, 19, 47, 75, 79, 85
Baugrundgutachten, 38ff, 46
Baugrundstück, 30, 39, 42

Bauherrenmappe, 61
Baukörper, 30
Bauleiter, 72, 74, 79, 88, 91, 93, 98, 100, 101, 102ff, 103ff, 106ff, 108, 110, 112, 115, 124, 128
Bauleistungsbeschreibung, 57, 60, 61
Baulücke, 46, 71
Bau-/Baunebenkosten, 12, 25, 30ff, 32, 74
Baupartner, 13, 16, 18, 46, 52, 66, 67, 68, 69, 71, 74, 78, 85, 88, 100, 102, 104, 109, 125
Bauphase, 12ff, 15, 22, 31, 32, 38, 55, 75, 79, 83, 89, 91, 93, 99, 101, 102, 107, 110, 113, 118, 121, 128, 129
Bausatzhäuser, 56, 57
Bauschutt, 71, 113
Baustelle, 31, 71, 75, 79, 99, 119, 120, 125
Baustraßen, 44
Bausparkasse, 26, 29
Baustrom, 31, 79ff
Bausumme 32
Bautenstand, 70, 83, 106
Bautoilette, 80
Bauvorhaben, 23ff, 27, 30, 50, 62, 68, 74, 88, 104, 111, 112, 115, 125
Bauzaun, 80
Bauzeitenplan, 92
Bebaubarkeit, 42
Bebauung, 38, 42ff
Bebauungsplan, 42ff, 83
Beratungsgebühr, 52
Beratungstermin, 51

Sachwortregister

Beratungsvertrag, 51
Bereitstellungszinsen, 33
Beseitigung, 46
Be- und Entlüftungsanlage, 40
Boden, 46
Bodenbeläge, 31, 118
Bodengutachten, 31, 46
Bodenplatte, 40, 59, 60, 107
Bohrung, 46
BPlan, 42
Budget, 12ff, 19, 23, 43, 111
Bürgersteig, 44, 62
Chemikalien, 46
Creditreform, 67
Dach, 40, 57ff, 83
Dachausführung, 32, 58
Dachboden, 32
Dachfläche, 41
Dachform, 41, 42
Dachgaube, 41
Dachneigung, 42, 58
Dachseite, 41
Dämmung, 40, 59
Darlehen, 23, 33, 34, 35, 47
Dekontaminierung, 47
Dekra, 75
Doppelhaus, 61
Eigenheim, 39
Eigenkapital, 29, 38, 47, 63
Eigenleistung, 25, 31, 62, 76, 78, 93, 116ff, 118, 120, 121
Eigentum, 9

Eigentumsverhältnisse, 42
Einkommenssituation, 24
Einzug, 13, 31
Energie, 41, 43, 60, 61, 91
Energieeffizienz, 40, 83, 85, 90ff
Energiegewinn, 43
Energiequelle, 40
Energieversorgung, 31, 62, 79ff
Entwässerungsplanung, 75
Erdarbeiten, 30, 60, 78
Erdenergie, 43
Erdbohrung, 43
Erdgeschoss, 57, 101
Erdreich, 30, 38, 44, 46ff, 62
Erdwärme, 43
Erschließungskosten, 44
Ersparnisse, 24
Exposé, 54
Fachanwalt, 53, 84, 109, 111, 125, 128
Fachausdrücke, 8
Fälligkeit, 28, 107, 109
Fertighäuser, 56, 57
Fertigstellung, 88, 108, 116, 124
Finanzamt, 54
Finanzierung, 9, 12ff, 16, 18, 22ff, 25ff, 29ff, 32, 33, 34, 35, 38, 42ff, 47, 52, 59, 78, 84, 85, 91, 111
Finanzierungsanfrage, 24
Finanzierungsangebot, 33, 35
Finanzierungsberater, 23ff, 26ff, 29ff, 32, 35
Finanzierungsberatung, 25, 35
Finanzierungsexperten, 12

Sachwortregister

Fundament, 62
Fördermittel, 32
Fotos, 106ff
Garage, 42, 117
Garten, 15
Gebäudeeinmessung, 30
Gebühren, 15
Genehmigungsgebühren, 30
Generalunternehmen, 72
Geschosszahl, 42
Gewährleistung, 60, 62, 93, 94, 99, 116
Gewerke, 72, 83, 89, 91, 92, 94, 100, 115, 116, 128
Giebelwände, 57ff
Grenzen, 42
Größe/Fläche, 16, 18, 51, 58, 83
Grundbuch, 41
Grunderwerbsteuer, 30, 47, 54
Grundstück, 12ff, 15ff, 18, 30ff, 34, 35, 38, 40ff, 43, 44, 45, 46ff, 52ff, 54, 59, 6, 71, 80, 83, 85, 113
Grundstücksangebot, 42
Grundstückssuche, 42
Grundstücksverkäufer, 47
Grundwasserspiegel, 59
Gutachter, 75, 83
Haftung, 44, 70, 120
Handelsregister, 67
Handwerker, 67, 72, 76, 89, 94, 95, 98, 100, 113, 115, 117, 125
Hausanbieter, 50, 55, 57, 76
Hausanschlusskosten, 31, 61ff

Hausbau, 12, 22, 40, 83
Hausbauvertrag, 34, 35, 52ff, 60, 82, 83, 84, 87, 89, 92, 115
Hausberater, 51
Hausgrundkörper, 42
Hauskataloge, 50
Hauspreis, 43, 75, 78
Haustyp, 18, 53, 83
Hausvarianten, 56
Hausverkäufer, 51, 52ff, 54, 68, 70, 85
Hausvertriebsmitarbeiter, 50
Heiz- und Klimatechnik, 43ff, 59
Heiztechnik, 40
HOAI, 74
Höhe, 42
Holzständerbauweise, 57
Honorar, 26ff, 74
Hypothek, 28, 33
Immobilien- und Grundstückserwerb, 35
Immobilienmakler, 16, 30, 41ff
Infrastruktur, 15ff, 45
Innengestaltung, 31
Instandhaltung, 15
Kalkulation, 12, 52, 74
Kanalanschluss, 31
Kapital, 12, 28
Kataster, 41
Kaufinteresse, 41
Kaufsumme, 30, 46, 47, 54
Kaufvertrag, 35
Kaution, 79
Keller, 38, 59, 71, 80

Sachwortregister

KfW-Bank, 90ff
Kreditinstitut, 25, 27
Kreditsumme, 26
Konditionen, 16, 25ff, 32, 72, 117, 129
Konstruktion, 58
Kontaminierung, 46ff
Kosten, 15, 25, 30ff, 32, 34, 38, 75, 78, 80, 84, 85, 88
Lageplan, 41
Lasten, 41
Leistungsangebot, 50, 55, 100, 114
Leistungsbeschreibung, 57, 78, 85, 86, 89, 103, 113
Leistungsrecht, 41
Lebensversicherung, 28
Maklercourtage, 30, 41ff
Maße, 42
Massivhäuser, 56, 57
Materialien, 31, 44, 62, 70, 71, 85, 86, 112, 113, 117
Mehrspartenhauseinführungs-System, 61ff, 107
Minderung, 46
Musterhäuser, 51, 52ff, 58
Musterhausparks, 51, 52, 58
Nachfinanzierung, 25, 38
Nebenabreden, 107
Neubau, 9, 12, 15, 23, 25, 32, 54
Neubaugebiet, 31, 44, 71
Normen, 61
Notar, 13, 30, 34, 35, 41, 43, 44, 46ff,
Nutzung, 41

Ökologie, 57
Pfetten- oder Studiobinderdach, 58
Photovoltaikanlage, 40ff
Planer, 55
Planung, 12ff, 15ff, 18, 43, 46, 52, 55, 74ff
Protokoll, 103, 125, 126
Provision, 52, 68
Pultdach, 58
Referenzobjekte, 70, 72
Reservierungsfrist, 16, 42
Reservierungsgebühr, 42, 47
Rabatte, 69
Räume, 12, 15ff, 51, 58
Raumklima, 57
Rückabwicklung, 47
Rücktrittsrecht, 53
Sachverständiger, 117
Satteldach, 41, 58
Schaden, 44, 89, 94, 102
Schadstoffe, 46
Selbstbau, 62
Selbstbauhäuser, 56
Sondertilgung, 32
Sonnenenergie, 40ff
Spitzbodenausbau, 58
Standrohr, 79
Statik, 46, 89ff
Strom, 40
Substanzen, 46
Subunternehmer, 72
Teil-Massivhaus, 57
Telekommunikation, 31

Sachwortregister

Terrasse, 45
Tiefbauunternehmen, 31, 61, 78ff
Tiefgarage, 60
Tilgung, 28, 111
TÜV, 61, 75ff
Umzug, 14
Urkunde, 46
Vermessung, 30
Versicherung, 26, 89, 120, 121
Versorgungskosten, 15
Vertrag, 13, 19, 30, 42ff, 53, 54, 57, 60, 67, 69, 71, 73, 75, 80, 82ff, 84, 85, 89, 93, 94, 102, 106, 113
Vertragspartner, 19, 34, 43, 66, 88, 111
VOB, 94
Vollgeschoss, 43
Wärme, 43, 90
Walm- oder Krüppelwalmdach, 58
Wasser, 31, 79
Wegerechte, 41
Werkvertrag, 44, 72, 73, 78, 82, 85, 86, 92, 94, 99, 100ff, 102, 107, 115, 121
Widerrufsrecht, 52
Wohneigentum, 9
Wohnfläche, 12, 15
Wohnort, 14ff,
Wohnraum 18
Wohnumfeld, 14
Wohnungsangebot, 9
Wohnungen, 9
WU-Beton, 59
Zahlungsplan, 82ff, 87, 90, 114, 128

Zeit, 16, 18ff, 23, 33, 44, 62, 69, 72, 79, 93, 101ff, 108, 112, 116, 118, 119, 124, 128
Zeltdach, 58
Zinsbindungsphase, 32, 33
Zinseinnahmen, 25
Zinskonditionen, 32
Zinsen, 9, 25, 31, 32
Zinssatz, 33
Zuhause, 9

Hausbau? Aber sicher!

Die **SCHUFA-Unternehmensauskunft** informiert Sie vor Baubeginn über die Bonität Ihrer Geschäftspartner und hilft Kosten und Ärger zu vermeiden.

Jetzt informieren und bestellen auf
www.hausbau-aber-sicher.de

SCHUFA-Unternehmensauskunft inklusive 100 Tage Testphase* für meineSCHUFA kompakt

€ 28,50*

schufa

Wir schaffen Vertrauen

*meineSCHUFA kompakt 100 Tage kostenlose Testphase; danach verlängert sich der Vertrag um jeweils ein weiteres Jahr zum Preis von derzeit **monatlich 3,95 EUR**, sofern Sie nicht vorher kündigen (Kündigungsfrist: ein Monat zum jeweiligen Laufzeitende). Eine SCHUFA-Unternehmensauskunft erhalten Sie für 28,50 EUR. Alle Preise inkl. MwSt.

Impressum

DIESES BUCH ERSCHEINT IN DER REIHE „BAU-RAT"
Der Inhalt des Buches wurde von der Autorin sorgfältig erwogen und geprüft; dennoch kann eine Garantie dafür nicht übernommen werden. Jegliche Haftung der Autorin bzw. des Verlages und/oder seiner Beauftragten für Personen-, Sach- und Vermögensschäden ist ausgeschlossen.

Bibliographische Informationen der Deutschen Bibliothek:
Die Deutsche Bibliothek verzeichnet diese Publikation in der Deutschen Nationalbibliographie; detaillierte bibliographische Daten zu diesem Werk sind im Internet abrufbar unter http://dnb.ddb.de. Das Werk, einschließlich aller seiner Teile, ist urheberrechtlich geschützt. Die Verwertung der Texte und Bilder ist – auch auszugsweise – ohne Zustimmung des Verlages unzulässig und strafbar. Das gilt auch für Vervielfältigungen, Übersetzungen, Mikroverfilmung sowie für die Einspeicherung und Verarbeitung in elektronischen Systemen, einschließlich Internet.

Zeichnungen: fotolia
Titelbild: Bettina Hein
Satz, Layout, Umschlaggestaltung: Blottner Verlag GmbH, Taunusstein
Druck: Konrad Triltsch • print und digitale medien, 97199 Ochsenfurt-Hohestadt

© 2015, Blottner Verlag GmbH, D-65232 Taunusstein
blottner@blottner.de / URL: www.blottner.de
ISBN 978-3-89367-147-2 / Printed in Germany

Rat, auf den Sie bauen können!

Kostenfalle Hausbau
Pfusch vermeiden – Baukosten sparen
ISBN 978-3-89367-107-6
72 typische Kostenfallen und ihre Ursachen werden beschrieben!

Bautagebuch
Auf den Bauplatz fertig los! Das Tagebuch für Ihren Hausbau
ISBN 978-3-89367-116-8
Der Begleiter für und nach Ihrem Hausbau!

Ratgeber energiesparendes Bauen und Sanieren
Neutrale Informationen für mehr Energieeffizienz
ISBN 978-3-89367-143-4
Viele Informationen!

Abenteuer Hausbau besser verstehen
Vertragsfallen u. Planungsfehler vermeiden
ISBN 978-3-89367-140-3
Allgemeinwissen über das Bauen!

Blottner Verlag · 65232 Taunusstein · www.blottner.de